交通技工院校汽车运输类专业新课改教材

汽车服务企业管理
（第2版）

（汽车维修、汽车钣金与涂装、汽车装饰与美容、汽车商务专业用）

应建明　主　编
王骁勇　主　审

人民交通出版社股份有限公司
北　京

内 容 提 要

本书是交通技工院校汽车运输类专业新课改教材之一。本书主要介绍了汽车4S企业制度管理、汽车4S企业形象打造、汽车维修服务流程和前台服务、汽车维修生产管理、汽车维修企业7S管理、汽车维修企业安全生产管理及汽车维修企业信息化管理等内容。

本书是交通技工院校、中等职业学校汽车维修、汽车钣金与涂装、汽车装饰与美容、汽车商务专业的教材,也可作为汽车维修专业技术培训用书和相关技术人员的参考用书。

图书在版编目(CIP)数据

汽车服务企业管理/应建明主编. —2版. —北京:
人民交通出版社股份有限公司,2021.7
ISBN 978-7-114-17148-2

Ⅰ.①汽… Ⅱ.①应… Ⅲ.①汽车企业—工业企业管理—教材 Ⅳ.①F407.471.6

中国版本图书馆CIP数据核字(2021)第045904号

Qiche Fuwu Qiye Guanli

书　　名:	汽车服务企业管理(第2版)
著 作 者:	应建明
责任编辑:	郭　跃
责任校对:	孙国靖　龙　雪
责任印制:	刘高彤
出版发行:	人民交通出版社股份有限公司
地　　址:	(100011)北京市朝阳区安定门外外馆斜街3号
网　　址:	http://www.ccpcl.com.cn
销售电话:	(010)59757973
总 经 销:	人民交通出版社股份有限公司发行部
经　　销:	各地新华书店
印　　刷:	北京市密东印刷有限公司
开　　本:	787×1092　1/16
印　　张:	13.5
字　　数:	228千
版　　次:	2013年6月　第1版 2021年7月　第2版
印　　次:	2022年7月　第2版　第2次印刷　总第6次印刷
书　　号:	ISBN 978-7-114-17148-2
定　　价:	35.00元

(有印刷、装订质量问题的图书由本公司负责调换)

交通职业教育教学指导委员会
汽车（技工）专业指导委员会

主 任 委 员：李福来

副主任委员：金伟强　戴　威

委　　　员：王少鹏　王作发　关菲明　孙文平

　　　　　　张吉国　李桂花　束龙友　杨　敏

　　　　　　杨建良　杨桂玲　胡大伟　雷志仁

秘　　　书：张则雷

第2版前言

为适应社会经济发展和汽车运用与维修专业技能型人才培养的需求,交通职业教育教学指导委员会汽车(技工)专业指导委员会陆续组织编写了汽车维修、汽车营销、汽车检测等专业技工、高级技工及技师教材,受到广大职业院校师生的欢迎。随着职业教育教学改革的不断深入,职业学校对课程结构、课程内容及教学模式提出了更高、更新的要求。《国家职业教育改革实施方案》提出"引导行业企业深度参与技术技能人才培养培训,促进职业院校加强专业建设、深化课程改革、增强实训内容、提高师资水平,全面提升教育教学质量"。为此,人民交通出版社股份有限公司根据职业教育改革相关文件精神,组织全国交通类技工、高级技工及技师类院校再版修订了本套教材。

此次再版修订的教材,总结了交通技工类院校多年来的汽车专业教学经验,将职业岗位所需要的知识、技能和职业素养融入汽车专业教学中,体现了职业教育的特色。本版教材改进如下:

1. 教材编入了汽车营销行业的最新知识、新理论,更新相关法规,同时注意新设备、新场景和新方法的介绍,删除上一版中陈旧内容。

2. 对上一版中错漏之处进行了修订。

本书由浙江交通技师学院应建明担任主编,南京交通技师学院王骁勇担任主审。沈阳交通技术学校由永杰编写项目一~二,浙江交通技师学院应建明编写项目三~五,浙江交通技师学院陈学义编写项目六~七,浙江交通技师学院陈建林编写项目八。本书在编写过程中,得到了部分汽车修理厂家和汽车4S店的支持,在此表示感谢。

限于编者经历和水平,教材内容难以覆盖全国各地中等职业学校的实际情况,希望各学校在选用和推广本系列教材的同时,注重总结教学经验,及时提出修改意见和建议,以便再版修订时改正。

编 者
2021年4月

第1版前言

教育部《关于全面推进素质教育、深化中等职业教育教学改革的意见》中提出:"中等职业教育要全面贯彻党的教育方针,转变教育思想,树立以全面素质为基础、以能力为本位的新观念,培养与社会主义现代化建设要求相适应,德智体美等全面发展,具有综合职业能力,在生产、服务、技术和管理第一线工作的高素质劳动者和中初级专门人才。"根据这一精神,交通职业教育教学指导委员会在专业调研和人才需求分析的基础上,通过与从事汽车运输行业一线专家共同分析论证,对汽车运输类专业所涵盖的岗位(群)进行了职业能力和工作任务分析,通过典型工作任务分析→行动领域归纳→学习领域转换等步骤和方法,形成了汽车运输类专业课程体系,于2011年3月编写并出版了《交通运输类主干专业教学标准与课程标准》(适用于技工教育)。为更好地执行这两个标准,为全国交通运输类技工院校提供适应新的教学要求的教材,交通职业教育教学指导委员会汽车(技工)专业指导委员会于2011年5月启动了汽车运输类主干专业系列规划教材的编写。

本系列教材为交通职业教育教学指导委员会汽车(技工)专业指导委员会规划教材,涵盖了汽车运输类的汽车维修、汽车钣金与涂装、汽车装饰与美容、汽车商务四个专业26门专业基础课和专业核心课程,供全国交通运输类技工院校汽车专业教学使用。

本系列教材体现了以职业能力为本位,以能力应用为核心,以"必需、够用"为原则,紧密联系生产、教学实际,加强教学针对性,与相应的职业资格标准相互衔接。教材内容适应汽车运输行业对技能型人才的培养要求,具有以下特点:

1. 教材采用项目、课题的形式编写,以汽车维修企业、汽车4S店实际工作项目为依据设计,通过项目描述、项目要求、学习内容、学习任务(情境)描述、学习目标、资料收集、实训操作、评价与反馈、学习拓展等模块,构建知识和技能模块。

2. 教材体现职业教育的特点,注重知识的前沿性和全面性,内容的实用性和实践性,能力形成的渐进性和系统性。

3. 教材反映了汽车工业的新知识、新技术、新工艺和新标准,同时注意新设备、新材料和新方法的介绍,其工艺过程尽可能与当前生产情景一致。

4. 教材体现了汽车专业中级工应知应会的知识技能要求,突出了技能训练和学习能力的培养,符合专业培养目标和职业能力的基本要求,取材合理,难易程度适中,切合中技学生的实际水平。

5. 教材文字简洁,通俗易懂,以图代文,图文并茂,形象直观,形式生动,容易培养学员的学习兴趣,有利于提高学习效果。

《汽车服务企业管理》教材根据交通职业教育教学指导委员会交通运输类主干专业教学标准与课程标准"汽车服务企业管理"课程标准进行编写。它是交通技工院校、中等职业学校的汽车维修、汽车钣金与涂装、汽车装饰与美容、汽车商务专业的专业基础课教材。其功能在于培养学生分析和解决本专业一般性业务问题的能力,具有接待汽车维修业务、组织和管理企业生产和组织企业班组生产的基本能力,具有良好的人际交往能力、团队合作精神和客户服务意识等基本职业能力,达到本专业学生应具备的汽车维修企业管理的基础知识,熟悉有关的国家法律、法规和标准,以及作为一名汽车维修企业管理人员所应该具备的知识要求。本书也可作为汽车维修专业技术等级考核及培训用书和相关技术人员的参考用书。全书分为7个项目,分别介绍了汽车4S企业管理制度、企业形象打造,汽车维修服务流程、汽车维修前台服务、汽车维修生产管理、汽车维修企业5S管理、汽车维修企业安全生产管理等内容。

本书由浙江交通技师学院应建明担任主编,南京交通技师学院王骁勇担任主审。沈阳交通技术学校由永杰编写项目一、项目二,应建明编写项目三、项目四、项目五,贵阳市交通技工学校李学友编写项目六、项目七。本书在编写过程中,得到了部分汽车修理厂家和汽车4S店的支持,在此表示感谢。

由于编者经历和水平有限,教材内容难以覆盖全国各地的实际情况,希望各地教学单位在积极选用和推广本教材的同时,总结经验,及时提出修改意见和建议,以便再版时进行修订改正。

交通职业教育教学指导委员会
汽车(技工)专业指导委员会
2013年2月

目 录

项目一	汽车 4S 企业制度管理	1
课题一	汽车 4S 企业机构设置	2
课题二	汽车售后服务部门人员结构	8
课题三	汽车 4S 企业管理制度	12

项目二	汽车 4S 企业形象打造	29
课题一	企业形象	29
课题二	汽车 4S 企业形象设置	33

项目三	汽车维修服务流程	40
课题一	预约	41
课题二	接待	45
课题三	维修作业	48
课题四	竣工检验	50
课题五	结算/交车	51
课题六	跟踪回访	54

项目四	汽车维修前台服务	56
课题一	汽车维修业务接待员的作用和素质要求	56
课题二	汽车维修业务接待员的工作职责	62
课题三	汽车维修业务接待礼仪	65
课题四	汽车维修业务前台接待	77
课题五	汽车维修合同	84

课题六　客户档案管理 …………………………………………… 92
　　课题七　客户投诉处理 …………………………………………… 94

项目五　汽车维修生产管理 ………………………………………… 103
　　课题一　汽车维修生产计划管理 ………………………………… 103
　　课题二　汽车维护技术管理 ……………………………………… 106
　　课题三　汽车检测与诊断 ………………………………………… 122
　　课题四　汽车维修质量检验 ……………………………………… 131
　　课题五　汽车维修质量保证 ……………………………………… 144

项目六　汽车维修企业 7S 管理 ……………………………………… 146
　　课题一　汽车维修企业现场管理 ………………………………… 146
　　课题二　7S 管理概述 ……………………………………………… 148
　　课题三　汽车维修企业 7S 管理 …………………………………… 150
　　课题四　办公室 7S 管理 …………………………………………… 158

项目七　汽车维修企业安全生产管理 ……………………………… 167
　　课题一　企业安全生产管理概述 ………………………………… 167
　　课题二　汽车维修作业岗位安全操作规程 ……………………… 172
　　课题三　汽车维修机具设备安全操作规程 ……………………… 183
　　课题四　汽车维修企业工业卫生管理 …………………………… 189
　　课题五　安全事故处置办法 ……………………………………… 192

项目八　汽车维修企业信息化管理 ………………………………… 195
　　课题一　汽车维修企业信息化管理概述 ………………………… 195
　　课题二　汽车维修服务信息系统 ………………………………… 196
　　课题三　汽车维修服务电商 ……………………………………… 201

参考文献 ………………………………………………………………… 207

项目一　汽车4S企业制度管理

1. 知识目标

了解汽车4S企业的机构设置及售后服务部门的组织结构、汽车4S企业中部门经理及售后服务部门各岗位的职责、汽车4S企业相关管理制度的内容。

2. 技能目标

通过学习企业管理制度，上岗后能严格遵守并履行汽车4S企业内售后服务部门各岗位的职责。

3. 素养目标

培养学生团队合作精神及客户服务意识，增强纪律观念和组织管理能力。

建议课时

8课时。

汽车4S企业是汽车制造商和销售商共同打造的、经营专一品牌的汽车专卖店。4S是整车销售(Sale)、零配件供应(Spare part)、售后服务(Service)、信息反馈(Survey)四个英文单词的首字母。4S表示的是一种"四位一体"的汽车经营方式，强调一种整体的、规范的服务。由于汽车4S企业减少了汽车经营的中间环节，汽车产品质量、价格有独特优势，在售后服务上也能够满足消费者的高质量要求，所以自从汽车4S企业在国内一出现，就迅速地发展起来。

汽车4S企业的管理制度反映的是组织结构、资源配置和运作体系。管理制度大体上可以分为岗位职责和规章制度。规章制度侧重于工作内容、范围、程序和方式；岗位职责侧重于规范责任、职权和利益的界限及其关系。各种规章制度除了在某个特定范畴内对人们起着制约或激励作用外，综合起来还会形成该企业的整体氛围，会影响人们的精神面貌及举止谈吐。企业管理制度在一定意义上对广大员工的积极性、主动性、创造性起决定性作用。

课题一　汽车4S企业机构设置

人是生产力中最活跃的因素,是构筑企业竞争力的基石。企业能否吸引、保留和激励优秀人才以及能否持续发展和成功,关键在于企业管理机构人力资源的配置、人力资源管理理念、人力资源管理制度及职能。各汽车4S企业通常根据自己的实际情况,不断地调整组织管理机构和优化企业人力资源。同时,也应结合汽车技术的发展,满足国内消费者的需要,遵守汽车制造商的售后服务宗旨,打造企业的售后服务品牌。

一、汽车4S企业机构设置

完善的组织机构能保障组织内众多人员步调一致、同心协力、向着一个目标前进。组织机构是企业实现战略目标和建造核心竞争力的载体,也是企业职工发挥各自优势而获得发展的平台。

组织机构建立的目的是帮助企业围绕其核心业务建立起强有力的组织管理体系。组织机构中各部门人员的多少需要按各个岗位工作量安排。机构中各部门设有部门经理,各级组织都有各自的负责人,各部门经理向总经理负责,总经理向董事会负责。

组织机构需要制度管理和人性化管理相结合,既要有铁的纪律,也要进行人性化的亲情管理。

汽车4S企业常见部门机构设置,如图1-1所示。

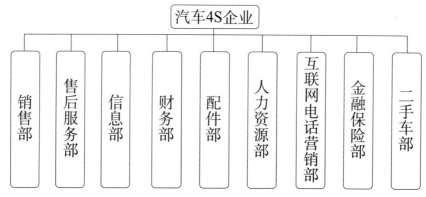

图1-1　汽车4S企业部门机构设置

二、汽车4S企业经理岗位职责

汽车4S企业董事会应指派或招聘资质合格的人员负责管理本企业,企业内部设立相应职能部门,并配备部门负责人管理部门工作。企业制定岗位职责,各岗位各司其职。

岗位职责指一个岗位所要求的、需要去完成的工作内容以及应当承担的责任范围。岗位,是组织为完成某项任务而确立的,由工种、职务、职称和等级内容组成。职责,是职务与责任的统一,由授权范围和相应的责任两部分组成。

(一)总经理

1. 职务概述

汽车4S企业总经理是4S企业的全面管理者,主要负责策划4S企业经营管理方案及其组织实施,并定期就经营情况向董事会汇报。

2. 岗位职责

(1)严格按照汽车制造商关于特约4S企业的管理文件要求,制订该企业的相应工作章程并使本企业的各项工作及目标与汽车制造商相关要求保持高度一致。

(2)主管4S企业内部各项业务及对外开拓业务。

(3)作为4S企业与汽车制造商的联络人,贯彻并实现汽车制造商"对客户高度热忱"的宗旨。

(4)审核签发报给汽车制造商市场销售部门的相关报表和文件。

(5)负责接待和处理客户的重大投诉。

(6)对客户满意度的改进进行总体协调,保证业绩稳步提高。

(7)组织协调各部门完成汽车制造商所布置或委托进行的各项特殊任务。

(8)贯彻并实施汽车制造商在任何时期发布并要求实施的规定、课程和制度。

(9)保证4S企业以公平的姿态进行各项市场行为。

(10)保持与汽车制造商相关部门进行适时的交流与沟通。

(11)负责每年员工培训计划及后备人员储备计划的制订。

(12)负责4S企业各项工作跟踪运作。

(13)负责和保证4S企业整体工作流程运作和不断优化。

(二)销售部经理

1. 职务概述

主持销售部日常工作事务,完成4S企业的汽车销售任务。

2. 岗位职责

(1)主持市场调研和汽车销售计划的制订。

(2)严格按照汽车制造商关于4S企业的运作标准的相关要求开展工作,控制管理及运行成本,完成内部拟订的业务指标。

(3)组织本部门员工开拓市场,开展促销和品牌宣传活动。

(4)做好业务统计分析工作。

(5)协调销售和售后服务部及财务部之间的工作,与其他部门有效合作。

(6)主持汽车销售工作的客户投诉处理。

(7)对本部员工工作进行考核。

(8)定期与汽车制造商进行各项业务的交流与沟通。

(9)负责制订本部门员工的培训计划。

(10)不断优化汽车销售接待和投诉处理工作流程。

(三)互联网电话营销部经理

1. 职务概述

主持互联网电话营销部日常工作事务,提高4S企业的汽车销量。

2. 岗位职责

(1)负责整个部门人员工作管理及各业务模块的业务发展规划,落实整个部门的业绩。

(2)制订年度及月度目标,落实电销的呼入回访、网销及网推等各板块业务的各月管控目标,并协助其完成相关目标执行计划和任务分配与分解。

(3)部门日常工作管理及工作分配,监督工作质量,及时了解网推电销员和网销主管的工作状态,以确保任务指标的达成,发现各项服务弱项,提出整改意见。

(4)与各部门协调工作人员培训,并建立个职能岗位的培训文档。

(5)定期举行部门月会,分析业务开展中所反映的问题,分析部门营销工作。

(四)售后服务部经理

1. 职务概述

主持售后服务部日常工作事务,完成企业售后维护、修理服务任务。

2. 岗位职责

(1)制订、安排和协调售后服务工作的具体开展,协调业务接待、索赔、收银、维修车间、配件供应之间的关系。

(2)严格按照汽车制造商关于4S企业运作标准的相关要求开展工作,控制管理及运行成本,完成内部拟订的业务指标。

(3)做好业务统计分析工作。

(4)主持重大维修质量事故及客户投诉的处理。

(5)定期与汽车制造商进行各项业务的交流与沟通。

(6)控制和审核本部门的质量工作并按时考核。

(7)负责制订本部门员工的培训计划。

(8)不断优化售后服务工作。

(五)信息部经理

1. 职务概述

主持信息部日常工作事务,负责企业内部、企业与客户、企业与制造厂间的信息收集与处理。

2. 岗位职责

(1)积极开展和推进本部门各项业务工作。

(2)严格按照汽车制造商关于4S企业运作标准的相关要求开展工作。

(3)对前台接待和维修车间的一切报表进行审核与检查。

(4)监督4S企业各部的运作情况,定期向总经理汇报企业运作的不协调情况。

(5)做好业务统计分析工作,定期按时填写4S企业的各种表格。

(6)协调4S企业销售和服务部门开展的各项促销活动。

(7)制订和审核本部门的质量工作并按时考核。

(8)负责制订本部门员工的培训计划。

(9)不断优化售后服务工作流程。

(六)配件部经理

1. 职务概述

主持配件部日常工作事务,跟踪、分析配件库存现状,保证配件库存的合理性,并确保配件的供应。

2. 岗位职责

(1)按汽车制造商配件运作要求,组织督促配件人员做好售后服务的配件管理与供应。

(2)根据汽车制造商的要求编制汽车配件的采购计划。

(3)严格控制合理的仓库库存,将库存周转率控制在合理范围,加快资金周转,减少滞销品种及数量。

(4)参与重大配件质量事故及客户投诉的处理。

(5)协调好配件部与其他业务部门的关系,确保维修业务的正常开展。

(6)及时向汽车制造商配件部门传递汽配市场信息和本企业业务信息。

(7)审核和签发报给汽车制造商市场营销部门订购配件的有关文件。

(8)负责配件的采购及销售,保证只向汽车制造商订购正规配件,不得参与购买非汽车制造商提供的假冒伪劣配件。

(9)负责各企业的沟通和交流,做好配件的销售工作。

(10)负责汽车配件部门经济效益的分析,严格控制营运成本。

(11)负责制订本部门员工的培训。

(12)不断优化配件部门工作流程。

(七)财务部经理

1. 职务概述

主持财务部日常工作事务,保障企业资金链的顺畅,建立企业的财务体制,核定各类报表,对库存、成本核算及预算执行情况进行监督。

2. 岗位职责

(1)负责4S企业的业务结算。

(2)了解汽车制造商的配件修理和索赔政策,督促配件索赔严格执行汽车制造商的索赔条例。

(3)负责4S企业的成本核算及年度资金需求计划的制订。

(4)分析企业的营运成本,控制各部门营运成本的上升。
(5)负责本部门员工的培训事宜。
(6)不断优化财务工作流程。

(八)人力资源部经理

1. 职务概述

主持人力资源部日常工作事务,负责企业人力资源的规划、配置和考核工作。

2. 岗位职责

(1)负责本企业各部门人力资源的调度与安排。
(2)负责每年员工培训计划及后备人员储备计划的制订。
(3)统计和考评各部门员工的业绩,参与职工的表彰和奖励。
(4)组织和实施企业员工的培训。

(九)金融保险部门经理

1. 职务概述

主持金融保险部门日常工作事务,负责车贷车险及相关金融工作的监督。

2. 岗位职责

(1)负责进入保险业务统筹管理工作,推进公司的车贷车险的开展。
(2)协助销售进行分期保险等业务的更新。
(3)接受厂家组织的汽车金融理念与产品知识培训,并定期组织与实施衍生业务相关的培训工作。
(4)与业务合作伙伴的沟通与管理。
(5)负责金融业务市场调研与分析。
(6)组织进入信息汇总与报送工作,定期向厂家和公司汇报金融业务开展情况。

(十)二手车部门经理

1. 职务概述

主持二手车部门日常工作事务,统筹企业二手车业务。

2. 岗位职责

(1)负责制订每月业务目标,包括置换新车数量、二手车收购数量、二手车销售数量、二手车品牌认证数量及二手车部门的利润目标。

（2）制订部门管理、奖励制度和业务运作流程。

（3）制订业务的广告宣传计划和市场推广活动。

（4）控制部门业务成本和风险。

（5）保证合理库存和流动资金的使用。

（6）保证车辆的检测、整修、展示和销售等达到的要求和标准。

（7）控制部门业务成本和风险。

（8）保证部门间的协调、沟通体系正常运转，及时协调和处理二手车部门与其他部门间的各类问题。

（9）决定二手车最终的收购价格和销售价格。

（10）决定车辆的整修方案和具体内容，以及车辆申请原厂认证或提供经销商有限质保。

（11）及时准确地向公司反馈当地二手车的各类市场、价格、销售等方面的信息。

课题二　汽车售后服务部门人员结构

一、汽车售后服务部门人员结构

汽车4S企业售后服务部门组织机构如图1-2所示。

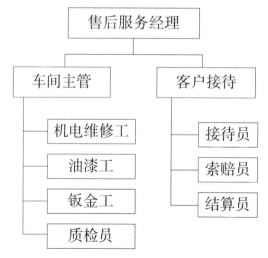

图1-2　汽车4S企业售后服务部门人员结构

二、汽车售后服务部门人员岗位职责

(一) 车间主管

1. 职务概述

全面负责车间维修工作,保质保量完成维修生产任务。

2. 岗位职责

(1) 负责合理安排车间维修人员工作。
(2) 开展并控制车间生产流程的具体实施。
(3) 负责重大质量事故的处理。
(4) 监督车间的安全生产和环境保护。
(5) 监督车间专用工具的使用与管理。
(6) 负责与汽车制造商售后服务部门的联系,以得到技术援助。
(7) 控制维修质量和生产成本。
(8) 协调车间与前台接待的关系,保证车辆及时、快速、优质地完成维护和修理服务工作。
(9) 对车间管理人员及维修人员进行考核。
(10) 负责制订本部门员工的培训计划,并参与培训工作。
(11) 不断优化车间工作流程。

(二) 班组长

1. 职务概述

在车间主管的领导下,根据车间下达的维修计划,全面负责本班组范围内的管理工作。

2. 岗位职责

(1) 主持本班全面工作,全面负责本班的安全生产、文明生产、设备管理、人员分工、劳动纪律和奖惩考核。
(2) 服从车间主管的安排和调度。
(3) 负责对客户车辆进行快速维护和修理,保证各工序的工作质量和生产进度。
(4) 做好维修过程的自检、互检工作,及时办理合格车辆的竣工手续,转下道工序,或交车间检验复检。

(5)负责解决本组工作中出现的质量问题,对于重大质量和技术问题,要及时报车间由技术人员协助解决。

(6)负责班组之间的交接工作,应做到工完场清,生产记录齐全,交接完整有序、正确清晰,并负责原始记录保存工作。

(7)负责与其他班组的工作协作。

(8)实施车间7S(整理、整顿、清扫、清洁、素养、安全、节约)行动计划,保持工作环境整洁有序。

(三)机电维修工

1. 职务概述

根据班组长下达的维修计划,完成车辆维修任务。

2. 岗位职责

(1)认真按照机修安全操作规程进行操作,遵守各项安全生产的规章及制度。

(2)服从车间主管的安排和调度。

(3)负责制订合理的车辆机电维修工艺方案。

(4)按照施工单的要求,认真、仔细的完成维修工作。

(5)完工后通知质量检验员协助质量检验员工作,对车身修复质量负责。

(6)协助服务顾问,耐心、周到、热情地解答客户相关疑问,提高服务质量。

(7)负责使用的维修设备、工具的日常保管维护、清洁维护工作。

(8)实施车间7S行动计划,保持工作环境整洁有序。

(四)油漆工

1. 职务概述

根据班组长下达的维修计划,完成车辆油漆喷涂任务。

2. 岗位职责

(1)认真按照油漆喷涂安全操作规程进行操作,遵守各项安全生产的规章及制度。

(2)服从车间主管的安排和调度。

(3)负责制订合理的油漆喷涂工艺方案。

(4)按照施工单的要求,认真、仔细地完成维修工作。

(5)完工后通知质量检验员,协助质量检验员工作,对车辆油漆喷漆质量负责。

(6)协助服务顾问,耐心、周到、热情地解答客户相关疑问,提高服务质量。

(7)负责喷涂设备、工具的日常保管、清洁、维护工作。

(8)实施车间7S行动计划,保持工作环境整洁有序。

(五)钣金工

1. 职务概述

根据班组长下达的维修计划,完成车辆车身修复任务。

2. 岗位职责

(1)认真按照钣金安全操作规程进行操作,遵守各项安全生产的规章及制度。

(2)服从车间主管的安排和调度。

(3)负责制订合理的车身修复工艺方案。

(4)按照施工单的要求,认真、仔细地完成维修工作。

(5)完工后通知质量检验员,协助质量检验员工作,对车身修复质量负责。

(6)协助服务顾问,耐心、周到、热情地解答客户相关疑问,提高服务质量。

(7)负责维修设备、工具的日常保管、清洁、维护工作。

(8)实施车间7S行动计划,保持工作环境整洁有序。

(六)质检员

1. 职务概述

完成日常质量检验、质量监控工作。

2. 岗位职责

(1)负责汽车维修进厂检验,确定维修项目,填写进厂检验单。

(2)负责汽车维修过程的质量监控,填写过程检验单,并指导维修人员对维修车辆的故障进行深入诊断。

(3)负责汽车维修竣工出厂检验,填写维修竣工出厂检验单,签发维修竣工出厂合格证。

(4)协助分析处理质量事故和纠纷,提出改进和预防措施,并组织实施。

(5)配合业务员完成整车或总成维修进厂和竣工出厂的交接工作。

(七) 索赔员

1. 职务概述

按照汽车维护修理规范办理索赔申请及相应索赔事务。

2. 岗位职责

(1) 按照汽车维护修理规范办理索赔申请及相应索赔事务。

(2) 收集、反馈有关车辆使用质量、技术方面的信息。

(3) 向顾客宣传汽车维护修理规范。

(4) 协助业务接待对维修的车辆索赔进行鉴定,保证索赔的准确性。

(5) 定期整理和妥善保存所有的索赔档案。

(八) 结算员

1. 职务概述

负责业务结算工作。

2. 岗位职责

(1) 记录托修车辆收款情况。

(2) 负责托修车辆费用结算,严格执行财务制度,根据要求开具正式发票。

(3) 整理复核日常修车单据。

(4) 建立车辆应收账款明细账。

课题三　汽车4S企业管理制度

企业规章制度包括组织人事、经营核算、计划财务、企业发展等管理制度,它涉及供应、生产、销售等各个环节,人、财、物等各种要素。本课题简要介绍4S企业的日常管理制度、人事管理制度和汽车维修业务管理有关的一些规章制度。

一、日常管理制度

(一) 工作日和营业时间的规定

汽车4S企业的正常工作日和节假日的营业时间应明确规定,并在营业大厅醒目位置的墙上挂置营业时间牌,使客户清晰、方便地知道企业的营业时间。

下述是某汽车制造商对其下属4S企业营业时间的最低要求,4S企业必须严格执行此项规定。鼓励4S企业提供更加方便、时间更长的售后服务工作。

1. 8:00~8:15 班前准备

(1)车间准备:清洁工具、清洁地面、清理容器、更换工作服、移动夜间停放的车辆,便于维修工作的开始。

(2)业务接待:整理好自己的业务台和业务资料,整理上一工作日车辆维护资料,与各部门信息交流准备,更换好标准服装。

(3)配件部门整理好仓库缺件资料和需订货清单,做好办公室和仓库的内部清洁和整理工作。

2. 8:15~8:30 班前晨会

(1)总结前一天车间的工作情况,布置当天的工作,与各部门进行相应信息交流。

(2)业务接待员与值班人员工作交接,与各部门进行相应信息交流。

(3)配件部门与值班人员的工作交接,与各部门进行相应信息交流。

(4)汽车销售部门整理和清洁好各自的展位,为开门迎客做好准备。

3. 8:30~19:30 工作时间

(1)中餐时间各部门安排值班人员,使企业运作照常进行,对有需要的客户安排中餐。19:30进场的车辆必须礼貌接车,安排修理。

(2)19:30~22:00 预约服务。主要接待预约客户,按预约安排修理工作。

(3)22:00~8:00 夜间值班。各部门值班人员处于待命状态,以处理应急修理,24h热线电话保持畅通。

4. 节假日

各部门安排值班人员照常工作,24h热线电话保持畅通。

(二)会议制度

建立明确的晨、夕、周、月会议制度,及时对工作中出现的各种问题进行沟通、总结,提高销量及顾客满意度。

1. 服务经理负责组织晨、夕、周、月会议

每日8:15~8:30召开班前晨会,每个营业日结束召开夕会,每周五营业结束

召开周会,每月最后一个工作日结束召开月会。

2. 会议管理制度

所有会议应有考勤制度,并有专人进行会议记录,会议记录应有服务经理签字。

3. 会议内容

会议时间不宜太长,晨会以激励和安排工作为主;夕会、周会、月会应分别对当天、当周、当月的工作进行总结。

(三) 汇报制度

每月对汽车销售、汽车维修、配件供应的业务情况进行汇报,以便管理层及时采取针对性措施促进业务量的提高和工作程序的优化,为客户提供优良的服务,提高客户的满意度。

(1) 服务经理向总经理及汽车制造商区域经理递交服务经营月报表及改进业绩考核的改进计划。

(2) 每月10日前递交上月的经营月报表。

(3) 业绩评审报告颁布后,两周内向汽车制造商区域经理递交业绩评审报告和改进计划。

二、人事管理制度

(一) 人事管理权限(仅为案例介绍,与企业实际不完全对应)

1. 总经理权限

确定公司的部门设置和人员编制、一线经理的任免去留及晋级,决定全体员工的待遇。

2. 人力资源部权限

(1) 协助各部门办理人事招聘、聘用及解聘手续。
(2) 负责管理公司的人事档案资料。
(3) 负责公司人事管理制度的建立、实施和修订。
(4) 负责薪资方案的制订、实施和修订。
(5) 负责公司日常劳动纪律及考勤管理。
(6) 组织公司平时考核及年终考核工作。
(7) 组织公司人事培训工作。

(8) 协助各部门办理公司员工的任免、晋升、调动、奖惩等人事手续。

(9) 负责公司各项保险、福利制度的办理。

(10) 组织各部门进行职务分析、职务说明书的编制。

(11) 根据公司的经营目标、岗位设置制订人力资源规划。

(12) 负责劳动合同的签订及劳工关系的处理。

3. 部门主管权限

(1) 提出部门人员需求计划。

(2) 决定其直属下级员工的任免、考核、去留及晋降。

(3) 建议本部门员工待遇方案。

(二) 员工选聘

(1) 各部门根据工作业务发展需要,经总经理核定,在编制内增加人员,按以下程序进行:

① 进行内部调整,最大限度地发挥现有人员的潜能。

② 从公司其他部门吸收适合该岗位需要的人才。

③ 到人力资源部领取《人员增补申请表》,报部门主管、人力资源部经理、总经理审批。

(2) 各部门编制满员后如需要增加人员,填好《人员增补申请表》后,报总经理审批。

(3) 上述人员的申请获得批准后,由人力资源部招聘所需人员。

(三) 员工报到

(1) 所有招聘录用的新员工正式上班当日先向人力资源部报到,并以其报到的日期作为起薪日。

(2) 报到当天所有新员工须携带两张一寸免冠照片,身份证、户口簿的原件和复印件,学历证明原件和复印件,职称证明原件和复印件。

(3) 报到当日,人力资源部应向新员工介绍公司概况以及有关人事管理的规章制度,并由人力资源部经理与其签订《试聘协议》,一式两份,一份由人力资源部存档,一份交试用员工自留。

(4) 新员工办完报到手续后,人力资源部负责领其到用人部门试用,由部门主管接收,并安排工作。

(5) 人力资源部根据试聘合同中的工作级别填写《工资通知单》,一式两份,一份交财务部,一份由人力资源部备案。

(四)员工试用

(1)新员工试用期一般为三个月。新员工试聘期间可以请事假和病假,但试聘期按请假天数顺延。

(2)新员工在试用期间旷工一次或迟到早退累计三次(含三次)以上,即随时解聘。

(3)试用期的考核:

①新员工在试用期满后,人力资源部将《员工转正考核表》发给试用的新员工,新员工根据自身情况,实事求是地填写表中内容。

②部门主管根据新员工在试用期的表现,公正地评分并写出初核评语。

③人力资源部根据新员工在试用期间的出勤情况,如实填写考勤状况。

④考核结果根据初核评分和考勤状况确定。

(五)员工转正

用人部门根据考核结果,在新员工试用期满后一周内,做出同意转正、延长试用或不拟录用的决定,并将该《员工转正考核表》报请部门主管、人力资源部经理审批。

(六)员工录用

(1)被正式聘用的新员工,由人力资源部与其签订《员工聘用合同》,一式两份,一份由人力资源部存档,一份交新员工自留,聘用日期及正式工资的起算日期自试用期满之日计算。

(2)人力资源部根据《员工聘用合同》填写《工资通知单》,一式两份,一份交给新员工本人,一份由人力资源部存档。

(3)聘用期满如不发生解聘和离职情况,将继续聘用。员工如不续聘,须在聘用期满前15天书面通知人力资源部。

(七)员工培训

员工培训分为职前培训、在职培训。

1. 职前培训

新录用员工报到后应接受职前培训,无正当理由不得拒绝参加。培训结果将作为今后定职定级的参考。

（1）职前培训的目的。

①使新员工了解和掌握公司的经营目标、各项方针、政策和规章制度，尽早融入员工队伍，顺利开始其职业生涯。

②使新员工尽早掌握工作要领和工作程序、方法，达到工作质量标准，完成岗位职责，创造提高公司经济效益和个人收入的条件。

（2）职前培训由人力资源部负责。

（3）职前培训的内容。

①讲解公司历史、现状、经营范围、特色和奋斗目标。

②讲解公司组织机构设置，介绍各部门人员。

③讲解各项工作要求、工作程序、工作职责，组织学习各项规章制度。

④介绍工作环境和工作条件，辅导使用设备、仪器。

⑤企业文化知识的培训。

⑥解答疑问。

⑦专业技术性要求较强的岗位，由部门经理根据需要另行组织职前专业培训。培训计划及结果报人力资源部备案。

2. 在职培训

（1）在职培训的目的。

①提高、完善员工的各项技能，使其具备多方面的才干和更高水平的工作能力，为工作轮换和横向调整以及日后的晋升创造条件。

②减少工作中的失误、工伤事故和灾害发生，降低失误造成的损失。

③减少员工工作中的消耗和浪费，提高工作质量和效率。

④提高员工的工作热情和合作精神，建立良好的工作环境和工作气氛。

⑤汽车制造商产品或技术升级后的技术培训。

（2）在职培训的形式。

①带教培训：各级主管及技术熟练者应随时施教，使员工不断地研究、学习本职技能，提高员工的能力。

②外送培训：视业务的需要，挑选优秀的员工参加培训机构的专业培训，回公司后将学习的内容传授给其他同事，或邀请专家学者来公司做专题培训。

③公司组织进行专业技能内部培训和技术讲座：培训课程设置分基础课和专业课。基础课指一些基本知识；专业课指与岗位相关的专业知识。针对某一专题开展技术讲座。

④为加强培训管理,使接受培训的员工更好地为公司创造效益。公司规定:对在培训过程中所获得和积累的技术、资料等相关信息(包括软、硬件),在培训后立即由档案室统一保管;不得私自拷贝、传授或转交给其他公司或个人。

(八)员工行为准则

1. 服从

员工应服从公司的组织领导与管理,对未经明示事项的处理,应请示上级,遵照指示办理。

2. 团队合作

要善于协调,融入集体,有团队合作精神和强烈的集体荣誉感,分工不分家。

3. 高效

讲究工作方法和效率,按质、按量、按时完成工作。

4. 学习与创新

员工要具备创新能力,通过培养、学习新知识使个人素质与公司发展保持同步。

5. 工作时间五不准

(1)不准聊天、吵闹。
(2)不准无故离岗、串岗。
(3)不准上班时间办私事。
(4)不准迟到、早退、旷工。
(5)不准渎职、失职、贻误工作。

(九)晋升制度

(1)为提高员工的业务知识及技能,选拔优秀人才,激发员工的工作热情,特制订此办法。

(2)每月人事考核成绩一直为优秀者,再考察该员工的以下因素:
①具备较高的职位技能。
②有关工作经验和资历。
③在职工作表现及品德。
④完成职位所需要的有关训练课程。

⑤具有较好的适应性和潜力。

考察后作为后备干部储备。

(3)职位空缺或需要设立时,优先考虑后备干部储备人员。

(十) 奖惩

1. 公司对以下情形之一者,予以记功受奖

(1)在保护公司财产物资安全方面作出突出贡献的。

(2)业绩突出,为公司带来明显效益的。

(3)在某一方面表现突出,足为公司楷模的。

(4)其他制度规定应予记功授奖的。

记功授奖方式有:授荣誉、通报表扬、奖金等。

2. 公司对以下情况之一者,予以记过处罚

(1)利用工作之便谋取私利,贪污、盗窃、斗殴、诈骗、索贿、受贿、私吃回扣、经手钱财不清、拖欠钱财不偿还、违反公司财务制度。

(2)公司遭遇任何灾难或发生紧急事件时,责任人或在场员工未能及时全力挽救。

(3)在公司外的行为足以妨碍其应执行的工作及公司声誉或利益。

(4)恣意制造内部矛盾,影响公司团结和工作配合。

(5)怠慢顾客,给公司形象带来损害。

(6)玩忽职守、责任丧失、行动迟缓、违反规范、给公司业务或效益带来损害。

(7)严重违反公司劳动纪律及各项规章制度。

(8)窃取、泄露、盗卖公司经营、财务、人事、技术等机密者。

(9)触犯公司其他制度。

记过处罚方式有:辞退、警告、通报批评、罚款等。若员工行为给公司造成重大损失或触犯国家法律法规,将追究当事人法律责任,公司有权起诉;奖惩记录,纳入人力资源档案管理内容。

(十一) 离职与解聘

(1)员工要求调离本公司,应提前15天向该部门主管提出书面离职申请,在未得到批准前,应继续工作,不得先行离职。

(2)公司根据员工的表现或经营策略,需要解聘员工,应提前15天通知被解职的员工。

(3) 员工因违反了公司规章制度或试用不合格而被解聘的,应由所在部门主管填写员工退工申请,报人力资源部批准,一线经理以上人员的解聘,须上报总经理批准。由人力资源部存档,并通知被解聘人员办理离职交接手续。

(4) 上述各种原因结束聘用或试用关系的员工,在接到正式通知后,均应向人力资源部领取《移交工作清单》,按该清单要求,在离开公司之前办完有关工作移交手续,其应领取的工资,应于上述手续办妥后再予发给。

(5) 对于须依赖较长时期积累经验方可熟练操作的岗位,人员离职前应教会公司安排的其他人掌握该岗位的技能。

三、汽车维修业务管理制度

1. 业务接待制度

(1) 业务接待员应提前15min到岗,做好准备工作。
(2) 业务接待场所应保持整洁,不得摆放杂物。
(3) 客户休息室设施和器具应摆放整齐,保持干净,本企业员工不得动用。
(4) 业务接待员上岗应穿着企业统一服饰,并佩戴胸卡。
(5) 接待用户应文明礼貌、主动热情,不使客户久等。
(6) 对客户阐述的意见和提出的要求,应认真听取,耐心答复。
(7) 对承修车辆应做详细检查,并做好记录,重要物品应妥善处理。
(8) 维修施工单、维修合同必须经客户签字认可。
(9) 维修竣工车辆应清洗干净,手续齐全,交车及时。
(10) 承修车辆的维修档案应记录完整,保存完好。

2. 明码标价制度

(1) 凡与客户有关的收费服务项目及价格,必须以显示板或公告形式,设置与张贴在客户易于看到的位置。
(2) 必须将经过行业管理部门、工商部门审批的收费标准公示于客户。
(3) 标价的内容包括工时费、材料费、加价率及其他服务费。
(4) 严格执行维修行业、工商管理部门制定的价格体系,不准擅自提价、降价。
(5) 认真执行规定,不得暗箱操作,不得随意更改公示收费标准。
(6) 价格体系如有变动须及时向有关部门申报,待批准后方可执行。

项目一　汽车 4S 企业制度管理

（7）杜绝欺诈行为，杜绝不正当竞争行为，以诚待客，诚信经营。

3. 维修费用结算制度

（1）维修费用的结算应当坚持实事求是的原则，不得弄虚作假。

（2）维修费用的结算工作由结算员担任，不得由其他人员替代。

（3）结算员对承修车辆维修项目和领用配件应详细审核，并填写清单。对有疑问的应当了解清楚后再予结算。

（4）维修费用结算按有关部门制定的统一标准实施。

（5）对维修车辆使用的配件数量、价格及购进地应详细分列，分别核算相关费用。

（6）结算员应不断加强自身业务学习，防止产生收费纠纷。对形成的各种结算单证，及时整理归档，以备查验。

4. 汽车维修救援工作制度

（1）自觉遵守国家有关汽车维修管理的方针政策和法律法规，认真执行汽车维修救援网络运作方案。

（2）建立汽车维修救援责任制，配备救援设施，落实救援人员，服从调度指挥。做到有求必应，有求必救，不拒绝施救，不延误施救期限。

（3）严格执行汽车维修技术标准和工艺规范，建立救援车辆维修技术资料和台账，保证汽车维修质量。不高报低做，不使用假冒伪劣配件。

（4）严格执行汽车维修收费标准，合理收费。不弄虚作假、巧立项目、多收乱收维修费用。

（5）热情服务，积极主动地为故障车辆驾乘人员排忧解难，不刁难车主，不拖延工时。

（6）自觉接受道路运输管理机构的监督管理和社会各界的监督评议。

5. 维修设备管理制度

（1）设备操作人员在独立使用设备前，须掌握该设备的操作技能。

（2）设备使用应定人定机，对公用设备由专人负责维护。

（3）设备操作人员要养成自觉爱护设备的习惯。班前班后认真擦拭设备及注油润滑，使设备经常保持良好的润滑与清洁状态。

（4）操作人员要遵守设备操作规程，合理使用设备，管好设备附件。

（5）对私自操作设备的人员，要进行严肃的批评教育，由此发生的一切后果由私自操作者负责。

(6)设备管理员应根据设备维护要求以及设备技术状况制订设备和测量装置的维护细则、维护周期和检定周期。

(7)设备维护人应严格按照常规维修设备检查维护周期进行维护,做好记录,交设备管理员验收。

(8)设备维修以外修为主,本企业操作人员配合,设备管理员做好维修记录。

(9)设备发生故障应及时停机,使用部门应立即通知设备管理员或企业负责人,请修理人员检查排除故障。当修理人员在排除故障时,操作人员应积极协助修理人员排除故障。

(10)对使用年久,部件严重损坏,又无法修复和没有改造价值的设备,可办理报废手续,报请企业负责人批准。

(11)对设备的检查、维护、修理应做好所有记录,由设备管理员归档,以便检查。

6. 配件管理制度

(1)自觉遵守各项管理制度,严禁闲杂人员进入配件库房。

(2)及时做好供方的选择、评审工作。根据生产需要,及时编制采购计划单,计划单经负责人签字同意后即按单就近采购。

(3)材料及零配件进库前要验收,未经验收或验收不合格的不准进库,不准使用。

(4)材料入库后要立卡、入账,做到账、卡、实物相符。

(5)材料应分类、分规格堆放,保持整齐有序。

(6)保持仓库整洁,做好材料及配件的防锈、防腐、防盗工作,做好仓库的消防工作。

(7)仓库管理员根据前台传来的备料单准备材料及零配件,维修人员凭施工单领料,领料人签名;领用大总成件要经分管负责人签字同意,领新料必须交旧料,严格执行领新交旧制度。

(8)加强对旧件的管理工作,上交旧件贴好标签,出厂时交还车主。

(9)材料及零配件的领用应执行先进先出的规定,严格执行价格制度,不得随便加价。

(10)仓库每个月进行一次清仓盘点,消除差错,压缩库存。

7. 维修质量检验制度

(1)汽车维修质量检验采用自检、互检和专职检验相结合的方法。

(2)企业总检验员全面负责承修车辆的质量检验、外购和外协件的质量检验工作。

(3)各班组设专职检验员,对本班组承修车辆的关键项目进行检验,并负责其他项目的抽验工作。

(4)业务接待员负责承修车辆的进厂检验工作。

(5)总检验员负责对承修车辆出厂前的最后检查工作,并对符合竣工标准的车辆签发出厂合格证。

(6)承修车辆未经质量检验人员验收合格的,不得交与客户使用,不得结算维修费用。

(7)各级检验人员应认真做好检验记录并及时整理,交专门人员归档保存。

(8)检验人员应不断加强自身学习,深刻领会相关技术标准,积极采用新工艺、新技术,并指导维修人员提高操作水平。

8. 车辆进厂检验制度

(1)车辆送修时,应具有保修内容及相关技术档案资料。

(2)业务接待员和检验人员负责对送修车辆进行预检,按规范填写进厂检验记录单。

(3)车辆预检时,根据驾驶员的反映及该技术档案和维修档案,通过检测或测试、检查,确定基本作业内容,并告知托修方。

(4)得到托修方确认后,与托修方签订维修合同,办理交接手续。随车使用的工具和备用品,不属于汽车附件范围的应由托修方自行保管。

(5)业务接待员将维修施工任务下派车间,车辆进入作业车间。

9. 维修过程检验制度

(1)过程检验实行自检、互检和专职检验相结合的"三检"制度。

(2)检验内容为汽车或总成解体、清洗过程中的检验、主要零部件的检验、各总成组装与调试检验。

(3)各检验人员根据分工,严格依据检验标准、检验方法认真检验,做好检验记录。

(4)经检验不合格的作业项目,需重新作业,不得进入下一道工序。

(5)对于影响安全行车的零部件,一定要严格控制使用标准,对不符合要求的零部件应予以维修或更换,及时通知前台,并协助前台向客户做好解释工作。

(6)对于新购总成件,必须依据标准检验,杜绝假冒伪劣配件装入总成或车辆。

10. 维修竣工检验制度

(1)维修竣工检验由专职质量检验员负责实施。

(2)维修竣工检验内容为整车检查、检测、路试、检测路试后的再检测及车辆验收。

(3)维修竣工检验严格依据《道路运输车辆综合性能要求和检验方法》(GB/T 18565—2016)要求进行。首先进行整车外观和底盘检查,检查合格后进行路试,对于路试中所发生的不正常现象,要认真复查。路试合格后重新进行底盘检查,确保各项技术性能合格后由总检开具出厂合格证。

(4)对于进行二级维护及以上维修作业的车辆,除上述检验内容外,还必须经计量认证的汽车维修质量监督检测站检测合格。

(5)严禁为检验不合格的车辆开具竣工出厂合格证。

(6)维修竣工检验合格的车辆实行规定的质量保证期制度。

11. 试车管理制度

(1)车辆经总装检验符合质量要求,才能移交调试,否则试车人员可拒绝路试。

(2)试车人员须持有驾驶执照和试车员证,并严格执行交通法规。路试前,调试人员应按规定的检验内容进行逐项检查,确保试车安全。

(3)路试中,应按规定的路线行驶,并悬挂试车牌照,主修人员须随同试车,以便及时排除故障。

(4)试车须按规定的路程(一般不少于5km),并按维修技术标准要求,判断和衡量发动机及底盘的工作状况。

(5)试车后,要调整、排除所有在路试中发现的故障和缺陷,直至合格后方可交车出厂。

(6)严格实施试车作业,确保试车安全和检验质量,认真填写路试记录。

12. 技术档案管理规定

(1)技术档案指本企业进行生产经营活动所用的一切重要图片、图纸、光碟、图书、报表、技术资料、有关设备的文字说明等技术文件,整理后归并文件档案。

(2)技术档案有维修汽车技术质量档案,车间、办公室基建档案,技术标准、规程、工艺文件、统计报表等生产技术档案,设备档案和科研产品开发档案。

(3)技术档案室由技术部门负责建立、保管、运用或提供使用。保管工作由技术部指定专人负责。

(4)每当档案资料进入本企业,技术部应在一周内建立档案。建档时要分类编号,登记立卷归档,并进行必要的整理,编制卡片,以利查阅。

(5)技术档案不外借。内部人员办理借阅手续后,可以借阅,但属秘密的资料不得外借,不得随便复印。技术档案阅后要及时归还并办理归还手续。

(6)技术部定期对技术档案进行鉴定,确定保管年限,及时销毁失去使用价值的档案。

13. 计量管理制度

(1)按生产需要购置的计量器具必须有CMC标志,计量器具的有关资料、合格证、说明书等应存档。

(2)使用计量器具必须按操作规程进行操作,使用时小心轻放,严禁乱掷,并按要求妥善保管。

(3)计量器具在使用过程中发现故障失准不得私自拆卸,应及时送交有关部门进行处理。

(4)使用计量器具应有检定合格证,计量器具应按周期送检,不得超期使用。

(5)不能用或多余闲置的计量器具,要及时封存、报停。

14. 返修车辆的处理规定

(1)凡返修车辆,由检验人员负责鉴定,派工。

(2)因材料配件质量问题造成的返工,由承修人负责拆装,材料供应部门承担全部材料费用。

(3)因加工件质量问题造成的返工,由承修人员负责拆装,加工人员承担全部材料费用,并对过程检验人员进行相应的处罚。

(4)因装配质量问题造成的返工,由承修人员负责拆装,并承担返修材料费用,过程检验人员及出入库技术检验人员都要进行相应的处罚。

(5)因质量检验人员漏检造成的返工,应加重对检验人员的处罚。

(6)凡安全部件及重大的责任返工,负责技术工作的负责人也应进行相应的处罚。

15. 维修竣工车辆出厂合格证管理制度

(1)凡进厂进行二级维护以上级别维修(含总成)的车辆,竣工出厂均需发放合格证。

(2)车辆维修竣工合格证由总检验员签发。

(3)总检验员应认真核对承修车辆的维修、检验记录,并进行最终检验,确认车辆维修项目符合技术标准后,方可签发合格证。

(4)合格证上应注明承修车辆进出厂时间、车号、发动机号、车架号等相关信息。

(5)合格证必须按顺序号签发,经加盖单位印章并由签发人签字后方为有效,存根归入维修档案。

(6)不得对未经维修的车辆或外单位维修车辆签发虚假合格证。

16. 车辆维修档案管理制度

(1)档案存放要有序,方便查找,并应做好"六防"工作,即防盗、防火、防潮、防鼠、防尘、防晒,保持档案存放处清洁卫生。

(2)不准损毁、涂改、伪造、出卖档案,档案资料如有损坏应及时修补。

(3)根据档案的内容、性质和时间等特征,对档案进行分类整理、存放、归档,并按内容和性质确定其保存期限,电子档案要及时备份。

(4)各班组负责人要对本部门使用的档案资料的完整性、有效性负责,在现场不得存有或使用失效的文件、资料。

(5)各班组每年对档案进行一次核对清理,并将所保存的档案整理后交办公室统一归档。已经到保管期限的文件资料,由办公室按规定处理。

(6)维修车辆实行一车一档制,二级维护及以上维修作业的车辆档案内容包括维修合同、检验记录、维修人员和质量检验人员名单,竣工出厂合格证副页、结算凭证。

(7)档案的借阅必须办理规定手续,借阅者对档案的完整、清洁负责,未经许可不得擅自转借、复印。

四、安全环保制度

总经理为汽车4S企业安全生产第一责任人,部门经理具体负责本部门的生产安全、消防安全、设备安全等工作。企业要定期开展安全培训和劳动保护教育,制定安全应急预案并开展演练。

1. 安全生产制度

(1)安全生产是企业管理的一项重要工作,必须有人兼管安全工作。

(2)各部门和各级人员要认真执行安全生产责任制,遵守安全操作规程和各项安全生产规定。

(3)管生产必须管安全,要做到在计划、布置、检查、总结、评比生产工作的同时,抓好安全工作。

(4)在生产过程中,对违章操作或不安全的作业,安全值班人员应及时纠正违章操作或采取有效措施,防止事故的发生。

(5)修理厂的停车场及放置易燃易爆物品的区域,应有明显的禁火标记,严禁吸烟。

(6)生产工作区域,均属禁烟区,一律禁止吸烟。

(7)油棉纱、木屑木花、废油等可燃物品,应放在规定地点,专人负责清理,不得乱丢乱倒。

(8)一切焊接明火作业应严格遵守规定,明火作业前必须清除场地周围的可燃物。

(9)修理汽车有焊接作业时,必须在油箱盖上加盖石棉布。

(10)装有一级易燃品的汽车,不准在场地内停放过夜。

(11)各工种生产作业完毕,应切断电源、清理场地、关闭门窗、清除隐患,经检查确无危险因素后,方可离开。

(12)存放危险物品的仓库,严禁带入火种。

(13)使用危险物品必须遵守有关安全操作规程,非本工种人员不得私自动用。对危险物品(如油漆、香蕉水、汽油等)实行专人保管,生产工作区域必须配有消防设施。

2. 环境保护制度

(1)认真贯彻执行"预防为主、防治结合、综合治理"的环境保护方针,遵守《中华人民共和国环境保护法》《中华人民共和国大气污染防治法》《中华人民共和国环境噪声污染防治法》等有关环境保护的法律法规、规章及标准。

(2)积极防治废气、废水、废渣、粉尘、垃圾等有害物质和噪声对环境的污染与危害,按生产工艺安装、配置"三废"处理、通风、吸尘、净化、消声等设施。

(3)定期进行环境保护教育和环保常识培训,教育职工严格执行各工种工艺流程、工艺规范和环境保护制度。

(4)严格执行汽车排放标准,全面实施在用车辆的检查/维护制度(I/M 制度),控制在用车辆的排放污染,在维修作业过程中,严禁使用不合格的净化装置。

(5)严格执行车辆噪声抑制技术标准,确保修竣车辆的消声器和喇叭技术性能良好,在维修作业过程中,严禁使用不合格的消声装置。

(6)车辆维修竣工出厂前,要严格检查车辆尾气排放和噪声指标,对尾气排放和噪声指标不符合国家标准的,不得出厂。

五、客户投诉受理制度

(1)客户投诉受理工作由专人负责,必要时指定专人处理。

(2)受理人员对客户的投诉应耐心听取,详细记录,明确答复期限。

(3)对客户的投诉内容,按下列原则由相关人员负责处理答复:

①对员工服务质量的投诉,由企业负责人或指派专人进行调查。

②对维修质量的投诉,由总检验员负责调查。

③对收费价格的投诉,由分管经营的负责人或指派专人进行调查。

(4)定期或不定期召开客户座谈会,主动征询客户意见和要求,树立企业良好形象。

(5)对重点客户开展上门服务活动,主动了解出厂车辆的技术状况,不断提高维修质量。

(6)按照行业管理部门要求,向客户公开投诉电话,主动接受社会监督。

项目二　汽车4S企业形象打造

1. 知识目标

了解企业形象的要素、企业形象识别系统的构成,了解汽车4S企业外观、接待大厅以及员工形象设置的要求。

2. 技能目标

根据汽车4S企业形象要求,能够合理设置汽车4S企业接待大厅、维修车间的环境形象,做一名符合汽车4S企业形象要求的员工。

3. 素养目标

培养良好的审美意识、行为礼仪习惯、团队合作意识和集体荣誉感。

建议课时

6课时。

课题一　企业形象

所谓企业形象,就是指公众对企业风貌及产品质量在感觉上的综合印象,是指企业的外部形象与行为特征。一个良好的企业形象会增强客户对企业品牌的信任。各汽车制造商把4S企业的外部形象都作了统一规定。统一的企业形象能将企业的经营理念、经营方针、价值观和文化特征表现出来。企业的外部形象和服务品牌可以将信息传达到社会大众,这种品牌信息又同时反馈给企业内部员工,使职工对企业的优秀品牌具有荣誉感,对企业有认同和归属感,增强了企业的凝聚力。

一、企业形象的要素

企业形象的基本要素包括品牌形象、服务形象、经营管理形象与人员形象、公共关系形象与企业环境形象等。

1. 品牌形象

品牌形象是指企业主导经营(销售或维修)的汽车品牌、档次及质量,以及因此而配备的设备类型、档次及质量。企业的品牌形象将关系到企业的技术能力与信誉,是企业形象中最基本的要素。企业的品牌形象也是企业销售和维修质量、服务形象与工作质量的综合反映。为了能在社会公众心目中创立和留下独特和良好的企业品牌形象,企业名称、企业商标和企业广告必须简明扼要、寓意美好(包括图案与色彩搭配等)、构思精巧,能给人们留下深刻的记忆。显然,企业的品牌形象是企业的无形资产,能给企业带来巨额利润。

2. 服务形象

服务形象是指企业的服务方式、服务项目、服务态度和服务质量等。通过企业的服务形象,从而给社会公众留下深刻的整体印象,特别是使消费者产生满意度和信赖感。显然,在产品高度趋同的情况下,企业有特色的服务形象是现代企业的竞争焦点,它不仅构成了企业品牌形象的重要方面,而且还增加了现代企业的附加值。

3. 经营管理形象与人员形象

企业的生产经营管理形象包括企业的经营理念、经营作风、经营方式、经营成果、管理组织、管理制度、管理基础工作、企业经济实力以及企业文化氛围等。人员形象,包括企业管理者形象和企业员工形象,前者包括企业领导班子及企业内部各层次管理人员的能力、素质、气度、办事效率和工作业绩等,后者包括企业员工的文化素质、技术水平、职业道德和精神风貌等。

4. 公共关系形象

企业在日常的生产经营管理活动中不断地与外部经营环境谋求协调,并通过各种场合表现着企业的品牌形象(例如保证产品质量与服务质量,遵纪守法、照章纳税,支持公益事业,承担社会责任,对厂商、对银行、对顾客讲求诚信,与社会各界保持着良好的公共关系等)。公共关系形象就是指企业在公共关系活动中给社会公众留下的形象。企业的公共关系形象能够有效地扩大企业影响,并争取社会公众对企业的理解和信任。因此,企业的公共关系形象既是塑造企业形象的重要途径和手段,也是企业形象的一个重要组成部分。

5. 企业的环境形象

企业环境形象是指企业通过其生产经营场所、建筑特色、装饰风格、生产设备等反映出来的外观形象。企业的环境形象犹如人的仪表服饰,它反映着企业的经营风格和审美观念,从而给社会公众造成强烈的第一印象。

二、企业形象策略

所谓企业形象策略是一个可用以塑造企业形象的企业形象识别系统(Corporate Identity System,CIS)。在现代企业管理学中,CIS被推崇为是塑造和传播现代企业形象的最有效战略。其目的就是为了向社会公众有效地传达企业的品牌形象,以改善企业经营管理的外部环境,从而提高社会公众对企业及其产品的信任感和满意度,最终促进销售、促进企业的发展,而且也可以改善企业经营管理的内部环境,树立起良好的企业形象,从而提高企业职工的凝聚力,改善企业职工的精神面貌(如敬业精神与奉献精神等);不仅可以保证企业的产品质量和服务质量,而且能使企业克服任何的困难险阻,从而使企业真正做到"人和""财旺"。

CIS的内容包括企业的软件和硬件两部分,其中,企业软件主要是指企业精神(如企业效率、企业信誉、营销策划、公共关系、广告宣传等),企业硬件包括企业拥有的设备与设施、技术与产品、人才与资金、商标与服务以及已经规范和标准化的完整系统等。为此,企业要引入CIS策划,除了在硬件上要引进先进的检测设备与专用设备,改造落后的生产工艺和生产技术、改善公共关系、改进企业生产经营管理外,还要在软件上加强职工的政治思想工作,搞好企业的精神文明建设。

1. CIS的构成

CIS包括以下三个相互联系的子系统。

1)企业理念识别

企业的经营理念是整个企业识别系统的基本精神所在,也是整个系统运作的原动力,它包括企业的经营理念、经营哲学、经营宗旨和经营方针等。

2)企业行为识别

企业的行为识别是指动态识别企业的行为模式。由于该系统能够直接作用于公众,为公众所感知和留下深刻印象,因而有形地体现着企业的经营理念。例如企业行为识别对内包括企业的管理组织、行为规范、员工教育、福利激励以及产品开发和公害对策等,对外包括市场调查、营销策略、促销活动、公共关系、广告传播、公益活动等。

3）企业视觉识别

企业视觉识别是一种表达企业经营特征的静态识别符号，包括基本要素与应用要素两类。其中，基本要素如企业名称与企业品牌标志、企业标准字体和标准色彩、企业象征图案和企业造型、宣传标语等，应用要素如广告媒体、交通工具、办公用品、室内设计、建筑设计、厂房设计、包装设计和衣着制服等。企业视觉识别是塑造企业形象最快速、最直接的方式。

为了塑造个性鲜明的企业形象，以获得社会公众的广泛认同，从而使企业的整体生产经营管理纳入一条充满生机与活力的发展轨道，必须应用CIS的基本理论，系统革新和统一传播企业的经营理念、行为模式和视觉要素等，为此必须做到：

（1）善于创造个性差别。

（2）坚持统一标准。

（3）坚持系统性和连续性。

（4）实施有效的传播。

2. 正确运用CIS的原则

1）公众原则

CIS必须遵循顾客至上的准则，强调从公众利益中来，到公众利益中去。倘若企业在推广CIS时只是强调自身利益，一味追求高雅和独特而漠视公众利益、远离顾客期望，最终只会损害企业形象。

2）真实性原则

在宣传和报道企业情况时必须真实和坦诚，因为只有这样才能使公众理解和谅解企业，绝不要为树立企业形象而弄虚作假。

3）系统性原则

要塑造企业形象，需要统筹考虑企业的内部形象与外部形象，总体形象与特殊形象，有形形象与无形形象，即必须从系统和整体的企业规划出发，有计划有步骤地整体推进，而不能顾此失彼、顾前不顾后。

4）长期性原则

推广CIS是一项长期的战略任务，必须经过长期努力才能奏效。当然，也要善于创造和把握时机，利用各种契机来快速提升企业形象。

企业的形象塑造是一个具有长远意义的战略工程，但是可能因为一两个危机事件毁于一旦，加强企业管理水平以及危机公关能力，并且预先制订完善的预防计划和应对策略，以提高企业品牌抗负面事件冲击的能力，这在如今资讯发达、信息爆炸的互联网时代显得尤其重要。

课题二 汽车4S企业形象设置

汽车4S企业在整体企业面设计上按汽车制造商统一的要求设计;另外,还应塑造良好的企业员工形象,力图把"形象"这一静态的因素变成动态的竞争优势,成为赢得客户认同和信任的条件。特别是企业的一线服务人员,对客户的影响最大,企业应该特别注重业务接待人员形象素质的塑造。

一、企业外观形象设置

(1)4S企业外观形象应严格按照汽车制造商的标准设计和布局。

(2)4S企业外部招牌应符合汽车制造商的整体设计标准,标记、标识整洁、明亮、醒目。

(3)4S企业应在入口的附近设立入口标志、箭头或其他指示性标志,便于客户寻找。通往汽车4S企业的出入驾驶通道有出入道路标识,方便车辆出入,没有交通障碍,必要时设专门人员指路。

(4)4S企业门头字体应清晰明亮,并保持清洁。

(5)所有的招牌、广告必须保持清洁和新颖,不可褪色和陈旧。

(6)4S企业的各处围墙、护栏不可残缺、陈旧、锈蚀,厂房墙面如新、玻璃清洁、绿化完整、环境优美。

图2-1所示为某汽车4S企业外观形象。

图2-1 某汽车4S企业外观形象

二、接待大厅形象设置

接待大厅是客户最先来到的地方,其布局的合理、整体的干净度给客户留下对企业的第一印象。

1. 销售大厅

(1)在销售大厅内醒目位置张贴:

①服务中心平面图。

②汽车制造商的索赔条例。
③常用配件的价格表。
④维修工时一览表。
⑤汽车4S企业和快修企业在全国各地的地址和客户支援中心电话号码。
⑥汽车4S企业车辆维修业务流程表。
⑦汽车4S企业组织机构图。

(2)大厅内部环境要求:
①地面、墙面(包括玻璃)应干净、整洁。
②大厅内光线明亮,所有的照明设备完好有效。
③空气保持清新,空调及通风设备完好有效。
④大厅内有绿化布置,摆放一些观赏植物。
⑤销售大厅有安静和谐,可不定期地播放一些轻音乐,声音应轻微柔和。

(3)大厅内有必要的设施及服务:
①设有客户休息室,休息室内有功能完备的音响和电视。
②休息室内有一些服务设施,如小卖部等。
③服务区有星级洗手间,洗手间无臭味,提供洗手液和净手纸。
④4S企业应免费向客户提供茶水和中午就餐。

图2-2所示为某汽车4S企业销售大厅设置。

2. 销售营业区

(1)在销售大厅内设有销售部经理办公室和洽谈室。
(2)在大厅的显著位置设有3~4个汽车展位,展位上展示品牌车型和最新产品。
(3)在展位的旁边设有2~3个洽谈席位,每个洽谈席位配置玻璃桌和座椅4~5个,玻璃桌上放置一束鲜花。

图2-3所示为某汽车4S企业销售经营区。

图2-2 某汽车4S企业销售大厅

图2-3 某汽车4S企业销售经营区

3. 维修接待区

1) 设有服务经理室

经理室应窗明几净,至少办公室的一面是玻璃幕墙,从室内一眼就能看清营运大厅的运作情况。经理室是作为服务经理接待客户的地方,办公室内设有小型谈判桌和一定数量的座椅,用来接待客户投诉和举行小型会议。图2-4所示为某汽车4S企业售后服务经理室。

2) 设有多个接待台

接待台用以接待客户。接待台的要求:

(1) 接待台设有维修业务接待(包括咨询)、索赔接待、事故车接待、保险业务接待。

(2) 接待台的尺寸和规格各公司有统一的标准,台上放置计算机、电话和相关办公用具。

(3) 台前放置供客人坐的座椅。

(4) 台前放置接待项目牌和接待人员名片盒。名片有两种,一种是接待员名片,另一种是特约服务中心和快修企业在全国各地的地址和客户支援中心的名片。

图2-5所示为某汽车4S企业维修业务接待台。

图2-4 某汽车4S企业售后服务经理室

图2-5 某汽车4S企业维修业务接待台

4. 客户休息区

维修服务的性质决定了一般的维护和修理都在半个小时以上,客户需要在售后服务中心停留较长的时间。客户休息区为客户提供舒适的休息等待环境,可以使客户体验到售后服务中心对客户的关怀。对休息区的要求如下:

(1) 客户休息区应保持明亮、干净,空气清新,无噪声,应装有空调,使客户有一个良好的休息环境。

(2)休息区应宽敞,与接车区相近,或有一个通畅的视觉能看到接车区。

(3)应在休息区与车间设有玻璃墙,使客户能够看清自己爱车被维护和修理的情况。

(4)洗手间应在服务区或展厅内,并容易找到。洗手间必须保持设备完好有效,环境整洁、无异味,不可堆放杂物。

(5)在客户等候车辆维修期间,应免费提供茶水、报刊读物等,报纸、刊物应充足并及时更换。

(6)在休息区应放置资料夹,夹内放置一些广告宣传单页,便于客户拿取。

(7)客户休息区根据面积的大小,适当放置桌子、椅子、沙发。每个桌子配置2~4把椅子,桌子中央摆放鲜花。

(8)客户休息区适当配置纸巾盒和纸篓,并安装吸排烟机。

(9)配置音响和视频装置,但要控制音量。

(10)有条件的售后服务中心可以设置其他功能区和儿童娱乐区。

(11)有条件的售后服务中心可以将吸烟区和非吸烟区分隔开来。非吸烟区应悬挂禁烟标识牌。

(12)客户休息区应绿化,摆放观赏植物或盆景。

图2-6所示为某汽车4S企业客户休息区。

图2-6 某汽车4S企业客户休息区

5.其他

(1)销售大厅门口应放置雨伞架和雨具,为客户提供方便。

(2)在大厅门口清晰明显处张贴服务中心的营业时间,24h急救电话。

(3)在大厅门口应放置地毯。地毯应每天清洗。

(4)雨天在门口处应放置防滑警示牌。

(5)大厅的中部设有收银室。收银室设有一定的安全防范装置和电子监控设备。

(6)按摩座椅,提供舒适清洁的体验。

(7)高速无线上网,充电设备满足客户需要。

(8)预装办公股票金融软件的电脑。

(9)消毒卫生防护,隔绝污染,保证安全。

三、维修车间形象设置

汽车维修车间的合理布局、环境的舒适度对维修的操作效率有直接影响。维修车间员工的一切活动都在客户的目视之下，因此车间整体的布局和整洁程度，很大程度上影响客户对企业的满意度和信任度。汽车维修车间布局和设备配备有一定要求。

1. 区域划分

（1）车间的工位布局满足维修生产任务的总体要求，功能区域划分明确。

（2）一般维修区和钣喷区分割开来，防止噪声和油漆污染对维修区的影响。

（3）地面应涂以规定的颜色，并画好工位线，如图2-7所示。

（4）车间设置附料、工具保管仓库，用以保存修理工维修时发放的附料和专用工具及检测仪器。

（5）在维修场地上，举升机凸起的部位均以黄色边框警示，相邻工位间隔0.7m以上，在相邻通道间以黄色分区边框标志出工具车停放位置，在工位的底线处以黄色分区边框标志线标出三配件箱（新件、废件、待处理件）的放置处。

（6）车间设有2~3个大门，车辆进入门和出去门应该专用。

（7）车间的车用道宽应不少于7m。

2. 安全环保设施

（1）车间入口处应画有车辆行驶箭头和行驶路线。

（2）车间应悬挂限速标志。

（3）车间应有足够的木屑（用桶盛装）用以清除地面油污；车间有收集废机油的装置，每次完工废机油必须搬离修理间，并在存放处挂有"严禁明火"警示牌。

（4）车间地面应采用涂刷树脂漆或采用水磨石地面，如图2-8所示，便于拖扫。

图2-7 汽车维修车间工位布置

图2-8 汽车维修车间地面

(5)车间的地面应配置地沟,地沟的盖板应有足够的强度。地沟不可直接与下水道相通,应有沉淀池和废水处理装置。

(6)车间配备消防设施。

(7)油漆工、钣金工等特殊工种作业区域要配备防毒面具、面罩。

(8)车间通风良好,有排风设备。

3. 照明动力设施

(1)维修车间应保证明亮,应尽量多采用自然光照,并配备足够的人工照明。

(2)车间管线应架设合理,压缩空气管线接口和电力输出线应安装在离地面1.2m处,如图2-9所示,各管线用不同的颜色区分开来。

图 2-9 汽车维修车间管线布置

四、企业员工形象设置

1. 着装与佩卡

(1)汽车4S企业员工的着装样式应统一,由企业统一定制。

(2)员工的工作装分冬季和夏季两种,服务接待人员的服装一般是工作套装或西装;维修人员的服装为工作装。

(3)各公司对服装的样式和颜色都有一定的规定。维修人员的服装颜色,按岗位不同,颜色也不同,在车间内一眼就能识别出哪些人员是管理人员,也会激励员工的奋发竞争精神。

(4)汽车4S企业的工作人员在工作时间必须佩戴胸卡,胸卡应标明姓名、岗位等。

2. 精神状态及人格魅力

(1)接待人员必须热情、及时地接待顾客。

(2)诚实友善的态度:销售中沟通的方式和适当的措辞很重要,但是这些还需要配合热情和诚实友善的态度。

(3)把握好热情:适当的热情可以拉近你与客户之间的距离,但是过分的热情会让客户感觉你对他有所图,让客户感觉到厌烦,从而对你产生防御心理。

(4)自信大方:说话铿锵有力,声音代表了一个人的底气和自信,能让客户更快地认识你接纳你,也更容易让客户信任你。

3. 员工仪表

（1）发型整洁和庄重。

（2）衬衫每日烫平，服装一周内至少更换两次。

（3）女士应施以淡妆，不可浓妆艳抹。

（4）指甲不宜过长。

（5）工作时间不可戴有色眼镜。

（6）工装口袋不宜放东西。

（7）尽量不戴戒指。

（8）必须穿深色袜子，皮鞋每天必须擦亮。

项目三 汽车维修服务流程

 学习目标

1. 知识目标

了解汽车维修服务典型流程的工作内容,了解汽车维修服务中预约、接待、维修作业、竣工检验、结算/交车和跟踪回访等工作环节的实施规范,了解汽车维修服务各工作环节的注意事项。

2. 技能目标

能熟练掌握汽车维修服务中预约、接待、维修作业、竣工检验、结算/交车和跟踪回访等工作环节的实施规范。

3. 素养目标

培养良好的团队合作精神和客户服务意识;培养与人沟通的能力;培养自动化办公设备运用能力和信息处理能力。

建议课时

8课时。

汽车维修服务流程就是汽车维修企业的维修业务管理流程。汽车维修服务流程一般包括预约、接待、维修作业、竣工检验、结算/交车和跟踪回访六个环节。汽车维修服务流程如图3-1所示。

项目三 汽车维修服务流程

图 3-1 汽车维修服务流程

课题一 预 约

汽车维修企业在客户来店高峰期间,常会出现停车位紧张、接待前台人满为患、维修技工作业繁忙等情况。一些客户会因等待、服务要求被简化、被拒绝或服务过程中维修企业无法提供必要的附加服务而不高兴。为了均衡汽车维修企业的生产,保证客户车辆有计划、有秩序地进厂维修,实施预约式维修服务是行之有效的一种方式。

一、预约的目的

预约式维修服务的目的是合理安排工作时间,提高企业生产效率;均化每天工作量,避免人员和设备过度疲劳;减少用户等待时间,提高客户满意度。

二、预约的分类

1. 主动预约

汽车维修企业定期对客户进行电话访问,及时了解车辆的使用状况,提出合理的维修建议,根据客户的时间和维修企业的生产情况进行积极主动的合理安排。这种预约方式称为主动预约。

2. 被动预约

当客户感觉到自己的车辆需要维护或车辆发生故障需要修理时,给汽车维修企业打电话进行预约,约好时间、工位和配件,以便进厂后迅速进行维修作业。这对维修企业而言是被动的,称为被动预约。

许多客户时间观念不是很强,也没有预约意识,这就需要汽车维修企业去引导客户,推销自己的预约服务。主动预约不但能体现维修企业对客户的关怀,增进与客户之间的情感交流,而且也是服务营销工作向客户展示维修企业的服务形象、介绍和推销维修企业的服务、增加维修企业的业务量、提高营业收入的有效手段。

三、预约流程

预约流程如图 3-2 所示。

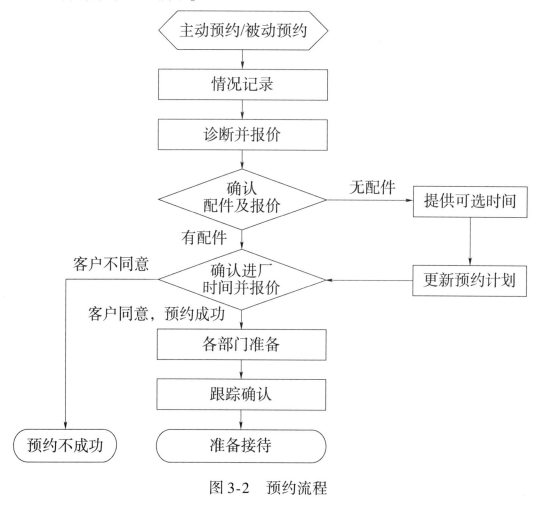

图 3-2　预约流程

项目三　汽车维修服务流程

汽车维修企业为了更好地推广预约工作,可以对能够准时预约的客户在维修费用上给予适当的优惠或赠送纪念品进行鼓励。同时在进行预约工作时,企业必须履行自己的承诺,所有预约内容必须到位,不能预约与不预约都一样,这就体现不出预约的好处,从而打击客户对预约的积极性,导致预约维修推广困难。

四、预约实施

1. 预约准备

预约工作一般由维修业务接待员来完成,在进行预约前必须完成以下两方面的准备工作。

1) 客户信息

熟悉客户和车辆信息,如客户的姓名、联系方式、车辆牌照号、车辆型号、行驶里程数、以往的维修情况、上次发现但没处理的问题、车辆目前需要做何种维护或修理等。

2) 企业生产信息

了解本企业的维修生产情况和收费情况,如维修车间是否可以安排工位、维修工,专用工具、资料是否可用,相应的配件是否有现货或何时到货,以及相应维修项目的工时费和材料费等。

如果业务接待员对以上两方面情况很清楚,那么与客户做预约就会得心应手,也显得非常专业,同客户的沟通交流也就很方便。如果业务接待员当时不清楚情况,就需要及时了解清楚之后再与客户用电话确认。不要在情况不清时盲目预约,以免无法践约给客户造成时间损失,引起客户不满,影响维修企业的信誉。

2. 预约实施

与客户的预约方式一般通过电话来实现,业务接待员与客户做好预约之后应当及时做好记录,以便有据可查。预约登记表见表3-1。

若有必要,业务接待员在客户到来之前比较相近的时间(如与客户约定修车前的1h)对客户进行一次电话提醒,对预约进行进一步的确认,如果由于其他特殊原因客户不能来,还应与客户续约,确定下次来访时间。预约实施规范见表3-2。

预约登记表　　　　　表3-1

填表日期：＿＿＿＿年＿＿月＿＿日

车型：＿＿＿＿ 车号：＿＿＿＿ 车架号：＿＿＿＿ 发动机号：＿＿＿＿
车主：＿＿＿＿ 联系电话：＿＿＿＿ 接待员：＿＿＿＿
预约日期：＿＿＿＿年＿＿月＿＿日

故障陈述		维修项目		跟踪情况	
				客户签名	

注：1. 此表用于客户预约服务的登记。

2. 业务接待员必须认真填写此表作为客户跟踪的依据。

3. 业务接待员必须在预约到期前1~2天提醒客户如期来公司维护修理。

预约实施规范　　　　　表3-2

预约准备	(1)掌握汽车维修企业的维修能力。 (2)掌握客户和车辆信息。 ①若经销商处没有该客户的档案,在客户进行主动预约时应及时为客户建立档案; ②若已有该客户档案,则确认各项内容是否发生变更
预约实施	(3)预约提醒。可采用电话、短信等方式进行,提醒后2h内,业务接待员与客户进行电话联系,确认客户收到提醒。 (4)预约登记: ①业务接待员必须将客户所描述的情况在《预约登记表》上记录清楚、完整,并通过适当的提问明确进厂原因;

续上表

预约实施	②确认进厂时间,应对进厂项目进行时间与价格的预估,并向客户说明; ③记录要点时,进行必要的重复,以使客户知道经销商已经将车辆情况掌握清楚。 注意事项: ①预约进厂时间应尽量方便客户; ②从开始安排预约到向客户解释维修时间及报价,不应超过2h; ③由于配件无货无法给客户安排预约时,应由业务接待员向客户解释,并对客户说明可优先安排在配件到货后的预约计划中,若客户同意,则直接列入该日的预约计划
预约成功	(5)对于提醒服务,客户进厂前3h进行追踪。 (6)若客户超过进厂时间半小时仍未到达,业务接待员应及时与客户进行联系并确认到达的准确时间。 (7)若客户超过进厂时间1h仍未到达,业务接待员与客户联系后取消本次预约,但可优先列入下一预约计划中。 (8)预约成功后,应提前做好人员、工具、设备及配件等准备工作。 (9)各部门交接必须及时、准确,以《预约登记表》为依据

客户如按照预约时间来厂维修车辆,业务接待员应主动、热情地进行接待服务。业务接待员应当具有良好的形象和礼仪,并善于与客户进行有效的沟通,体现出对客户的关注与尊重,体现出高水平的业务素养。

一、接待服务流程

汽车维修业务接待服务流程如图3-3所示。

二、接待实施

汽车维修业务接待实施规范见表3-3。

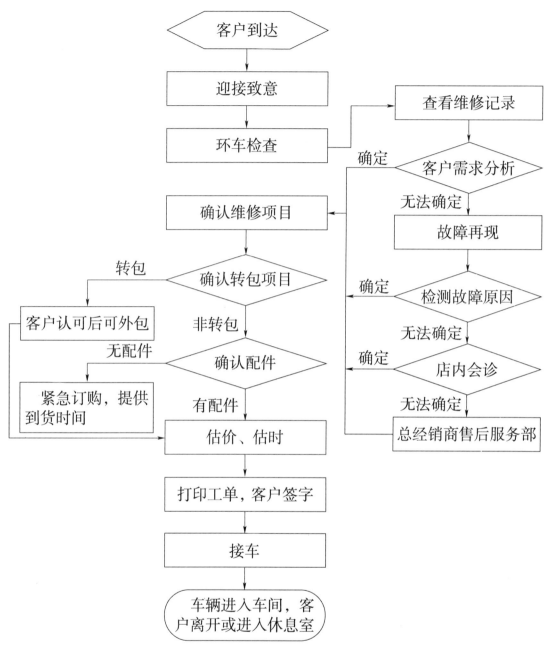

图 3-3 汽车维修业务接待服务流程

汽车维修业务接待实施规范　　　　　　　表 3-3

迎客	（1）客户车辆进入修理厂待修车停车区，业务接待员应携带接车问诊表（接车单）主动出迎致意，若是进厂维修客户，应环车检查，并在接车问诊表上记录车辆外观情况。

续上表

迎客	业务接待员在从客户手中接过车钥匙后,应将标有客户车牌号及停车位号码的钥匙牌连在钥匙上,方便找到车辆。 　　(2)若客户不是进厂维修客户,则应带领客户至相关业务部门。 　　(3)如果客户到达时业务接待员未出迎,则在从客户手中接过车钥匙前应随同客户一起进行环车外观检查、确认贵重物品,并在接车单上标明。 　　遇雨、雪天气,若停车区与营业厅之间的通道没有雨棚,当客户车辆进入停车区时,任何工作人员都有义务主动打伞出迎并引领客户至相关业务部门。同时,在营业厅门口处准备好吸水性强的白毛巾,以备客户在进入营业厅时擦去身上的雨雪。 　　(4)若业务接待员无法出迎,客户进入营业厅时应主动向客户致意;若业务接待员正在接待其他客户,也应及时对新到来的客户打招呼并请其稍等。 　　①客户等待时间不得超过5min。如果客户等待时间超过5min或有几位客户同时等待时,必须增加临时业务接待员。 　　②预约过的客户到来后必须立即接待。 　　③禁止让返修客户等候接待,并在委托单中需注明返修
询问、预检、制单	(5)业务接待员应在客户面前将护车五件套(转向盘套、座椅套、脚垫、换挡手柄、驻车制动手柄等维修工可能接触地方的保护套)安置好。 　　(6)对于维护客户,业务接待员在进行维护项目记录的同时,应主动询问近期车况,并参考车辆的维护记录,以便及时发现问题。 　　询问时间应控制在5min以内。 　　(7)对于一般维修客户,倾听客户描述故障情况并进行需求分析。 　　①时间不得少于6min。 　　②在客户进行故障情况描述时,业务接待员可以在适当的时候用引导性语言进行需求调查,但严格禁止打断客户的描述。 　　③对于客户描述的情况,在记录要点的同时,应及时重复确认无误。 　　(8)如果客户需自己付费更换配件,则先与客户确定旧件是否带走,并在接车问诊表上注明。 　　(9)对于客户描述的故障,可通过查看维修记录、试车、会诊、请求技术支持等一系列手段进行诊断(初诊),但必须保证快速、准确。如需试车,必须保证客户在场。

续上表

询问、预检、制单	（10）根据客户描述情况确定维修项目，若暂无配件，应主动向客户说明并向客户提供到货时间；若需转包修理，应主动向客户说明并得到客户确认后才可进行。 （11）预估维修费用和时间。按照客户描述的情况向客户逐项解释所需进行的项目及该项目所需时间与费用，并根据车间进度预估提车时间，得到客户确认后签字。 预估费用与实际发生费用相差不要大于10%，预估时间与实际时间相差不要超过30min，但在作业过程中发现新问题时除外。 (12)若即将进行作业的项目中存在索赔项目，应及时向客户说明并解释清楚。 (13)维修作业项目、所需时间与费用经客户确认后，业务接待员打印施工单，施工单一般为三联(一联客户提车用、一联维修车间派工用、一联维修人员领料用)
派工	(14)业务接待员将接车问诊表、施工单与车辆一起送至车间交给维修班组
引导	(15)车辆送修后，引导客户去休息室休息。 ①休息室应备有饮水机，客户在接待室坐下时应送上一杯水。 ②若客户要求直接离开，则在和客户确认预计交车时间后送客户离开，并留下联系电话，与客户随时保持联系

课题三　维修作业

汽车维修业务接待员待客户在施工单上签字确认后，将施工单交给维修车间。车间维修技术人员根据施工单的要求，对车辆进行高质量的维护修理，使车辆达到正常使用技术要求，确保客户满意。

一、维修作业流程

汽车维修作业流程如图3-4所示。

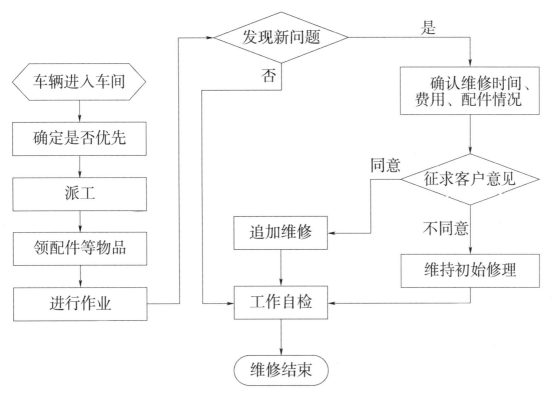

图 3-4　汽车维修作业流程

二、维修作业

汽车维修作业规范见表 3-4。

汽车维修作业规范　　　　　　　　　表 3-4

派工	（1）派工。车间主管首先确认是否优先维修，并依据施工单内容，按照工种、工作难度进行派工。如果是预约过的客户，必须直接交给已经确定的班组。对于返修车辆，车间主管应参考上次的维修记录，如果是由于技术水平原因造成的，则将工作安排给技术更高的班组
作业准备	（2）检查。维修班组长接车后，检查护车套件，确保完好，操作过程中一旦护车套件发生破损，必须及时更换；检查车辆外观和内饰，对照施工单简单检查车辆外观、内饰有无损坏。 （3）领用物品。物品领用以施工单为依据，如配件、专用工具、电脑解码仪等

续上表

作业	(4) 作业。维修工严格按维修手册要求进行维修作业。进行作业时如遇到难以解决的问题,应向技术总监或质检员求助。如果仍然解决不了,必须与品牌车辆售后服务总部取得联系。 (5) 进度变化。某工位完成作业或维修进度发生变化时,需及时通知业务接待员,更新车间进度看板或车间进度表,业务接待员及时向客户说明。 (6) 追加维修。在操作过程中,当出现施工单上没有涉及的项目时,必须及时通知业务接待员。业务接待员确认了维修时间、配件及费用等情况后,在施工单上记录,并向客户进行说明。经客户同意后,进行追加维修;如客户不同意,维持原施工单内容。无论客户是否同意,均需客户在发现的新项目、处理意见等后面签字
自检、互检	(7) 自检。维修技术人员在完成维修作业任务后须进行自检,确保各项作业内容都已完成,发现问题及时解决。 (8) 维修班组人员对各个维修作业项目进行互检确认,确保无漏项、无错项,并做好记录,发现问题采取措施进行纠正。 (9) 检查无误后,班组长在施工单上记录作业内容、完工时间及对车辆使用方面的意见并签名。 (10) 维修班组长签字确认维修作业结束后,进行竣工检验
注意事项	①各工种作业必须保证及时、准确、诚信,保证作业的质量与速度。 ②严禁在客户车内吃东西、喝水、吸烟,禁止接触、乱动与操作项目无关的地方。 ③维修结束时应检查工具、资料,确保无遗失;车上的收录机等电气设备复原为接车时的状况。 ④对于客户已经声明不要的非索赔旧件,在更换下来后应按旧件管理规定进行处理;否则,应在包装后放在车辆行李舱内交还客户

课题四 竣工检验

车辆在车间维修完成后,经过维修技术人员自检、班组人员互检,交由车间主管或质检员终检,保证维修质量。

一、竣工检验流程

竣工检验流程如图 3-5 所示。

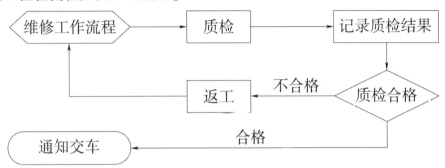

图 3-5　竣工检验流程

二、竣工检验实施

竣工检验实施规范见表 3-5。

竣工检验实施规范　　　　　　　　　　　表 3-5

竣工检验	(1)竣工检验。维修质量检验员根据维修合同上的作业项目进行逐项验收,并核实有无漏项错项,并做好记录。 (2)返修。经检测有不合格的,开具维修作业返修单,交维修班组长重新检查和维修,直至符合技术标准为止。如果由于技术原因导致车辆返修,车间主管应将工作安排给技术更高的班组进行。 (3)签字。经检验合格后,维修质量检验员在施工单(出厂检验单)上标注并签名。 (4)维修业务接待员接车,进入结算/交车流程

课题五　结算/交车

车辆经竣工检验合格后,维修业务接待员接车,同时,为确保在交付车辆时能向客户兑现质量承诺,维修业务接待员还应在车辆交付前对竣工车辆进行严格的交车前检查,掌握客户车辆的详细维修细节和车辆状态,确保让客户满意。

一、结算/交车工作流程

结算/交车工作流程如图 3-6 所示。

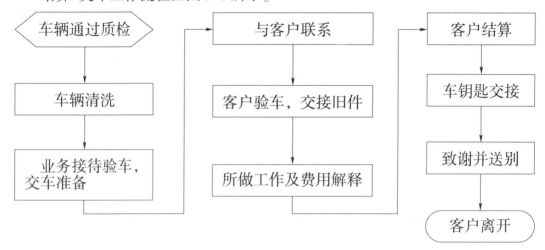

图 3-6 结算/交车工作流程

二、结算/交车实施

结算/交车实施规范见表 3-6。

结算/交车实施规范　　　　　　　　表 3-6

交车前准备	(1)整理旧件。如果委托书中显示客户需要将旧件带走,维修人员则应将旧件擦拭干净,包装好,放在车上或放在客户指定的位置,并通知业务接待员。 (2)清洁车辆。车间主管或质检员将完工车辆、车钥匙等移交给业务接待员,业务接待员将车交给洗车人员,进行车辆清洁工作。 (3)完工审查。在交车前,业务接待员核对维修项目、工时费、配件材料数量,材料费是否与估算的相符,完工时间是否与预计相符,故障是否完全排除,车辆是否清洁,旧件是否整理好,并在车辆醒目位置张贴"下次维护和车辆在使用过程中的注意事项提醒小贴士"。审查合格后通知客户交车。 (4)将车辆开至竣工车停车位上,车头朝向客户离开的方向。 (5)业务接待员将座椅、反光镜、后视镜等的位置及角度调回客户进厂时的状态。 (6)业务接待员与客户联系,确定交车时间、方式和付款方式

续上表

结算/交车	(7) 验车。业务接待员陪同客户验车： ①业务接待员应携带一条白毛巾及施工单陪同客户一起验车，对没有安置护车套件、维修人员可能接触到的位置进行擦拭，并当着客户的面将护车套件取下。 ②进行修后说明：一是向客户充分说明施工单上的工作内容及结果；二是证实客户的需求已全部完成，并确保客户产生信任感。 ③若客户需要试车，业务接待员应坐在副驾驶的座位上（此时副驾驶的座椅套和脚垫不能取下）陪同试车，试车完毕下车后将接触过的地方用白毛巾进行擦拭。 (8) 旧件交接。如果需要时，进行旧件交接，业务接待员应告诉客户旧件的放置位置，并请客户当面核对。 (9) 结算。业务接待员应陪同客户进行结算。结算前，业务接待员需针对客户进厂时描述的情况，将结算单中所涉及的作业项目和发生的费用向客户进行解释。如果有新增项目，也要向客户再次解释，并请客户签字确认。 (10) 打印结算单，一式两联，一联客户带走，一联维修企业财务部门留存。 (11) 交车。结算完毕，业务接待员将车钥匙、行驶证、出厂凭证、维护提示卡等准备好，交给客户，并提醒客户下次维护时间。 交车服务（包括付费、取车），应尽量控制在10min以内
告别客户	(12) 告别客户。业务接待员将客户送至车旁，为客户打开车门，与客户道别并感谢客户惠顾，并再次提醒客户下次保养时间。 ①客户离开前，业务接待员应将自己的电话号码留给客户，以便客户发现问题或有其他需求时打电话反馈。 ②业务接待员应目送客户车辆离开，直到客户车辆顺利驶出大门后，方可转身离去
资料归档	(13) 客户离开后，业务接待员应将客户资料和维修资料存档

课题六 跟踪回访

跟踪回访是汽车维修服务流程中的最后一个环节,属于与客户接触交流和沟通环节,一般通过电话访问的方式进行。在较大一些的维修企业由专职的信息回访员来做这项工作,在较小的维修企业可由业务接待员兼职来做。较好的后续跟踪服务,一方面能够掌握维修业务存在的不足,另一方面又能够更好地了解客户的期望和需求,接受客户和社会监督,增强客户的信任度。

一、跟踪回访的内容

当客户提车离厂后,汽车维修企业应在3日之内进行跟踪回访,并认真填写回访记录表,见表3-7。回访的目的不仅在于体现对客户的关心,更重要的是了解对维修质量、客户接待、收费情况和维修的时效性等方面的反馈意见,以利于维修企业发现不足、改进工作。

回 访 记 录 表   表3-7

序号	客户姓名	车牌号	联系电话	维修单号	出厂时间	车辆使用情况	工作人员态度	维修人员技术水平	是否满意	有何建议或意见
1										
2										
…										

回访人员应做好回访记录,作为质量分析和客户满意度分析的依据。回访中如果发现客户有强烈抱怨和不满,应耐心地向客户解释说明原因,并及时向服务经理汇报,在1天内调查清楚情况,给客户一个合理的答复,以平息客户抱怨,使客户满意,切不可漠然处之。

二、跟踪回访流程

跟踪回访流程如图3-7所示。

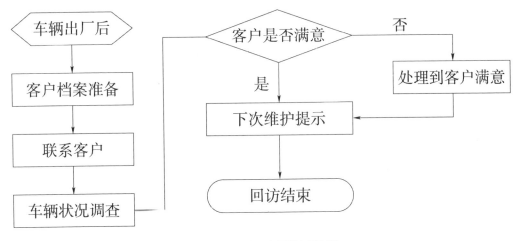

图 3-7 跟踪回访流程

三、跟踪回访实施

跟踪回访实施规范见表 3-8。

跟踪回访实施规范　　　　　表 3-8

跟踪回访	(1)方式。可通过电话或信件进行,一般通过电话形式是一种行之有效的跟踪服务手段。 (2)时间。应在客户取车之后 3 天内,通过电话回访客户。如果电话回访无法联系到客户,应在第 4 天向客户发出信函进行回访。 (3)内容。了解客户对维修工作的满意程度,了解车辆使用状况。 采用电话回访时,必须在客户方便的时间拨打,电话用语要规范
情况处置	(4)客户满意。对于满意的客户,在通话结束前,应向客户发出下次维护的邀请,并在下次维护前进行提醒服务。 (5)客户不满或投诉。当客户不满意或出现投诉时,应将情况转交给服务经理,由服务经理分配给当时的业务接待员处理。属服务质量问题的,将车开回进行维修;属服务态度问题的,向客户表示歉意,直至客户满意为止。 (6)备案。回访后,在客户档案中进行备案。 (7)汇报。每日的回访任务结束后,将当日的回访记录交给服务经理,并及时将跟踪结果向维修服务经理汇报

项目四　汽车维修前台服务

 学习目标

1. 知识目标

了解汽车维修业务接待员的作用、素质要求、工作职责、接待流程和接待内容，了解汽车维修估价的内容，了解客户档案的内容和投诉处理的方法。

2. 技能目标

能熟练掌握汽车维修业务接待的服务礼仪，会签订汽车维修合同，能建立客户档案，会运用客户投诉处理的技巧正确处理客户投诉。

3. 素养目标

培养良好的行为礼仪习惯、团队合作意识、与人沟通能力及自动化办公设备运用能力和信息处理能力。

 建议课时

14 课时。

 课题一　汽车维修业务接待员的作用和素质要求

汽车维修服务的对象是汽车与客户。汽车维修服务不仅要求有面向汽车的服务技术、维修质量，还要求有面向客户的良好服务态度、服务技巧等。汽车维修企业为满足客户需求，树立企业形象，提高企业的竞争力，一般都在企业内设置汽车维修业务接待岗位。

一、业务接待员作用

目前,业务接待已成为汽车维修企业经营管理中的重要岗位。业务接待的好坏已成为衡量汽车维修企业好坏的一个重要标准。汽车维修业务接待员的作用主要表现在以下几个方面。

1. 业务接待员代表企业的形象

业务接待员是汽车维修企业的"窗口",代表着企业的形象。汽车维修企业的特征主要是由企业精神、企业效率、企业信誉及经营环境等组成。良好的企业形象会在公众中产生深刻的认同感和信任感,进而转化为巨大的经济效益。业务接待员在客户中的形象就是企业特征的直接反映,其言谈举止、待人接物、服务水平等直接关系到企业形象的好坏。

2. 业务接待员是企业与车主之间的桥梁

业务接待员在不同地方称谓不同,有接待专员、维修服务顾问、诊断顾问等,这个角色之所以重要在于业务接待员是客户进厂碰到的第一人,如果服务好、客户信赖度高,也可能是客户在汽车维修企业唯一接触的人,由于客户的时间有限、专业知识不足,所以一般会将车交给业务接待员后就在休息室内等待。因此,从理论上讲,来厂维修车辆的客户是由业务接待员从头到尾完成接待工作的。如果业务接待员服务好,则客户对企业信赖度就高。

在维修过程中,业务接待员需掌握汽车维修企业的工作流程及工作进度,其目的是为确认客户的车辆维修进度,了解能否在预先估计的时间内顺利完成,或者是提早告知客户车辆维修的进展状况,使车主能有心理准备。业务接待员还必须站在客户的立场,为客户检查爱车,使客户从进厂到交车能接受完整的服务,以达成客户满意,从而提高客户满意度。

3. 业务接待员能影响企业的收益

业务接待员对承修车辆在维修前进行估价,在维修过程中对所发生的费用进行统计核实,并向客户解释相关费用的收取标准,听取客户的意见并向上级反映,在双方完全认同的条件下收取相关费用。其维修估价的合理性,收费结算过程的流畅性,发生费用结算纠纷处理的灵活性,都直接影响企业的收益。

另外,在客户的信任下,随着业务接待员专业能力不断加强,其所起的作用就是如何建议客户做最好的维修项目,以保障车辆长期使用。因此,业务接待员的专业性为客户所依赖,同时只要说服力强,就可以对客户做最合适的建议,这既是维修企业重要的业绩来源,又有助于企业业绩的稳定提升。

4. 业务接待员是企业技术管理水平的集中体现

业务接待员在接车、问诊、估价等过程中所表现出的解决问题和处理问题的能力,直接体现了企业技术水平的高低。其从接车到交车的全过程中有关工作的条理性、周密性和灵活性直接体现企业服务和管理水平的高低。

二、业务接待员素质要求

根据许多汽车维修企业的现状和汽车维修行业发展水平来看,一名合格的汽车维修业务接待员必须具备如表4-1所示的资格条件。

汽车维修业务接待员任职资格 表4-1

基本条件	(1)具有汽车维修专业中职(含)以上的文化水平。 (2)具有两年以上汽车维修工作经验,有汽车驾驶证
专业知识	(3)熟悉与本行业相关的各种法律法规。 (4)熟悉汽车维修工时、收费标准及零配件价格。 (5)掌握汽车构造和工作原理。 (6)了解汽车常见故障及故障诊断的基本方法。 (7)熟悉汽车各工种维修工艺流程及技术要求。 (8)熟悉汽车零配件常识
专业技能	(9)能制订及实施业务接待流程。 (10)能对汽车进行初步诊断,确定维修项目,估算维修费用,签订维修合同,引导客户正确进行汽车维护和修理。 (11)能协助相关人员对维修过程、维修进度和维修质量进行跟踪。 (12)能协助质量检验员对竣工车辆进行检查验收。 (13)能熟练操作计算机。 (14)能建立客户档案
其他素质	(15)品貌端正、口齿伶俐、会说普通话、具有较强的语言表达能力和应变能力

汽车维修业务接待员必须具备的素质包括思想素质、专业素质、综合素质和个人修养四方面。

1. 具备良好的职业道德

汽车维修业务接待员职业道德规范是指业务接待员进行维修业务接待工作过程中必须遵守的道德规范和行为准则。其一般可归纳为：真诚待客、服务周到、收费合理、保证质量。遵守职业道德规范，是职业生涯获得成功的重要保证。

1）真诚待客

真诚待客是指以主动、热情、耐心地对待客户（包括与客户随行的人员）。做到认真聆听和记录客户的述说，耐心回答客户提出的问题，理解客户的要求，最大限度地满足客户的期望并与之达成共识。

客户到企业来维护、修理车辆，选购零配件或是咨询有关事宜，归纳起来有两个要求：

(1) 对物质的要求，希望能得到满意的商品。

(2) 对精神的要求，希望能得到热情的接待。

2）服务周到

服务周到是指在维修前、维修中和维修后的全过程中向客户提供全方位的优质服务。

维修前：应该认真倾听客户对车辆故障的描述；初步诊断出汽车故障；对维修内容、估算费用和竣工时间进行详细说明，并得到客户认同；向客户提供有关汽车维护、修理等方面的建议和其他有关信息。

维修中：要及时与车间沟通，确保修理项目合理；需要增加维修项目时要耐心、详细地向客户说明，同时要征得客户认可；随时了解维修进度，督促维修车间按时完工，如不能按时完工，要及早通知客户，说明原因。

维修后：建立汽车维修技术档案，及时回访。回访客户时要诚恳，对客户提出的所有问题要认真调查；对一些疑问要耐心解释，必要时要勇于承担责任，不推诿和敷衍，对客户的建议要表示感谢；处理好质量投诉。

3）收费合理

汽车维修企业要严格按照相关行政管理部门制定的、备案的，或者企业公布的汽车维修工时定额和收费标准核定企业的维修价格。不乱报工时，不高估冒算，不将小修当大修，不采取不正当的经营手段招揽业务。收费合理，还体现在严格按照施工单上登记的维护、修理项目内容进行收费，不能为了达到多收费的目的擅自改变修理范围和内容,更不能偷工减料,以次充好。

4)保证质量

保证质量主要是指保证汽车的维修质量。修车过程中各道工序要严格按照技术要求和操作规程进行;使用的原材料及零配件的规格、性能符合规定标准;按规定程序严格进行检验与测试;汽车故障完全排除,原来丧失的功能得以恢复;车辆使用寿命得以延长等。

汽车维修质量是客户最关心的问题。修车质量好,客户满意度就高,保证质量是实现客户利益的重中之重,也是企业继续在市场竞争中取得优势的保证。

2. 具备良好的专业素质

(1)具备熟练的专业技能。熟练的专业技能是业务接待员的必修课。每个业务接待员都需要学习多方面的专业技能,包括汽车驾驶、汽车维修、汽车维修业务接待等方面的技能,并经行业主管部门培训、考核,达到汽车维修业务接待员上岗要求。

(2)具备丰富的行业知识及经验。丰富的行业知识及经验是解决客户问题的必备武器。不管做哪个行业都需要具备专业知识和经验。不仅能跟客户沟通,而且要成为产品的专家,能够解释客户提出的问题。

3. 具备良好的综合素质

(1)思维敏捷,具备对客户心理活动的洞察力,这是做好业务接待工作的关键所在。

(2)具备良好的语言表达能力,这是实现客户沟通的必要技能。

(3)具备优雅的形体语言表达技巧。优雅的形体语言,能体现出业务接待员的专业素质。优雅的形体语言的表达技巧指的是气质,内在的气质会通过外在形象表露出来。举手投足、说话方式、笑容,都能说明业务接待员是否足够专业。

(4)具备良好的倾听能力,这是与客户良好沟通的必要保障。与客户交谈时应"说三分,听七分",学会倾听,善于倾听,应借助目光、体态与客户产生互动。只有互动式的倾听才能真正实现与客户的有效沟通。

(5)具备专业的客户服务电话接听技巧,这是业务接待员的另一项重要技能,必须掌握怎么接客户服务电话,怎么提问。

(6)具备良好的人际关系沟通能力,与客户之间的交流会变得更顺畅。

项目四 汽车维修前台服务

4. 具备良好的个人修养

1)忍耐与宽容

忍耐与宽容既是一种美德,也是面对无理客户的法宝。面对客户要包容和理解。良好的服务就是让客户满意。真正的客户服务是根据客户的喜好提供满意的服务,不同客户的性格、人生观、价值观不同,要根据不同客户需求和喜好提供服务。在工作中要像对待朋友那样对待客户,要有很强的包容心,包容客户的一切,树立"客户就是上帝"这一现代服务理念。

2)谦虚

拥有一颗谦虚之心是人类的美德。一个业务接待员拥有较强的专业知识,靠专业知识和技能提供服务,面对相对外行的客户极易产生自满,在客户面前炫耀自己的专业知识揭客户的短处是不礼貌的举止,更无法提供让客户满意的服务,这是客户服务的大忌。

3)不轻易承诺

对于业务接待员,通常很多企业都要求:不轻易承诺,说到就要做到。因此,客户服务人员不要轻易地承诺,随便答应客户,这样极易使工作陷于被动。业务接待员必须注重自己的承诺,一旦答应客户,就应竭力做到。

4)勇于担当

业务接待员需经常承担各种各样的责任。工作中出现问题和失误的时候,同事之间不应相互推卸责任,而要勇于承担责任,积极主动地解决问题,以消除客户的不满和抱怨。

5)有博爱之心

拥有博爱之心,真诚地对待每一个人。这个博爱之心是指"人人为我,我为人人"的那种思想境界,热爱客户就像热爱自己一样。

6)有集体荣誉感

客户服务强调的是一个团队精神,企业的客户服务人员,需要互相帮助,必须要有团队精神。业务接待员所做的一切,不是为表现自己,而是为了能把整个企业客户服务工作做好。

5. 受客户欢迎的业务接待员和不受客户欢迎的业务接待员

据调查,客户一般喜欢跟以下几类业务接待员打交道:

(1)说话随和,态度诚恳,有亲近感的人。

(2)真诚守信,办事效率高的人。

(3)着装整洁,举止从容的人。

(4)百问不厌,有耐心,从不与客户耍态度的人。

(5)设身处地为客户着想的人。

(6)办事认真,责任心强的人。

(7)办事公道,不谋私利的人。

(8)实事求是,不说大话、空话的人。

(9)虚心求教,认真改进的人。

(10)严肃不刻板,应变能力强的人。

客户通常不喜欢与以下几种类型的业务接待员打交道:

(1)态度生硬,办事拖拉的人。

(2)说大话、空话、乱承诺的人。

(3)着装不整洁,不注重仪表的人。

(4)办事死板,效率低下,不善于沟通,没有亲和力的人。

(5)不拘小节(工作中哼小调、嚼口香糖、坐在桌上打电话,说话东张西望等)言语粗鲁的人。

(6)自以为是,强行狡辩的人。

(7)浓妆艳抹,奇装异服,过分追求装饰的人。

(8)举止轻浮的人。

课题二　汽车维修业务接待员的工作职责

在国家标准《汽车维修业开业条件》(GB/T 16739—2014)中,将汽车维修业务接待员作为一个必须具备的岗位提出,以期提高汽车维修行业的整体服务水平。

一、汽车维修业务接待员职责

汽车维修业务接待员的工作职责见表4-2。

汽车维修业务接待员工作职责　　　　表4-2

保洁	(1)保持接待区整齐、清洁
业务接待	(2)负责汽车维修业务接待工作。 (3)负责对报修车辆进行初步诊断、估算维修费用、签订维修合同。

续上表

业务接待	（4）负责跟踪检查维修过程、维修进度和维修质量。 （5）协助质量检验员对车辆进行竣工检查验收和车辆移交工作，协助办理维修费用结算手续。 （6）负责客户的跟踪服务，建立和管理客户档案，接待及协助处理客户投诉
业务提高	（7）不断学习新知识、新政策，努力提高自身素质和业务水平

二、汽车维修业务接待员职业准则

业务接待员在业务接待过程中的基本要求是：文明、礼貌、热情、周到。在职业活动中必须遵守如下准则：以客户为中心，准点准时，言而有信；以同事为客户，理解第一，忍让为先，微笑服务。

1. 以客户为中心

由于业务接待员的工作具有重复性，有时候会感到厌烦，很容易把客户看作是对工作的干扰，这很容易导致客户的抱怨。要改变这种态度，就要树立以客户为中心的理念，把客户看作是工作中不可缺少的一部分。为了切实做到以客户为中心，要养成为客户做些分外的、力所能及的服务的习惯。为客户所做的分外服务对业务接待员来说可能是举手之劳，但对客户来说却是解决了他的难处。关键时的一点微小服务可能给客户留下深刻印象，无形中会加固客户对企业的信任。

2. 准点准时

做到准时是一个基本的礼节问题，它代表着对一个人的尊重。为做到准时，必须遵守如下规则：

（1）制订一份工作时间安排表。严格按照规定时间完成各项具体工作，如何时完成统计报表，何时整理新客户资料，何时向经理汇报工作等。

（2）日常工作中要有条有理。一切工作先后有序，按部就班，井井有条，清晰地反映出你的时间观念。

（3）与客户或同事会面，首先要做到准时，一般来说要提前10～15min到达。

(4)当出现不准时情况时,一是要查明原因,比如与客户会面迟到的原因是交通堵塞、行驶线路搞错等;二是要找出纠正办法,比如调整时间、改变行驶路线等。

3. 言而有信

与客户打交道,最重要的一点就是必须遵守诺言。如果对客户的许诺不能兑现,通常两次以后,客户就会离开另谋他厂。为了养成言而有信的职业习惯,通常应该注意以下几个方面:

(1)没有把握的事不得随意应承。即便是有把握的事,也要经过周密、反复的考虑,才能说"可以"。

(2)在没有弄清楚客户所需信息的情况下,不能随意答应客户的要求。

(3)当时不能回答的问题,不能说"这事我没办法帮助您",应晚些时候再给客户一个肯定的答复。

(4)对已许诺过的客户,把姓名、许诺的事项等记录在备忘录上,便于随时查看落实情况,以免遗忘。

(5)承诺时应留有余地,不能让热心或者利益冲昏了头脑。一旦作出许诺,就在客户中建立了一种期望。等发现无法满足客户的需求时,可能就会引起客户的不满。通常在许诺时应注意"只答应客户有把握的事,而不是客户希望做到的事"。

4. 以同事为客户

以同事为客户将会提高维修企业内部交际的整体素质,提高内部人员工作主动性、积极性和协作互助精神,扩大企业经营能力。把同事看作客户,有利于业务范围扩大,有利于工作开展得更加顺利。对维修企业来讲,加大了对外部客户服务的合力。

5. 理解第一

一个人无论服务技能多么娴熟,也难免有让客户产生不悦的情况。在这种情况下,要养成对客户表示理解的习惯。当遇到客户充满不悦时,尽管自己不同意他的观点,但也要对客户表示理解。

6. 忍让为先

在工作中,无论工作多么出色,也难免遇到乱发脾气、故意刁难的客户。当这种情况出现时,一定要记住,必须遵守忍让为先的原则,要以高度的涵养妥善处理好与这类客户的关系。切记在客户发脾气时,不可运用过激的语言与其针锋相对,否则,不但问题得不到解决,而且会越来越糟糕,难以收拾。

7. 微笑服务

微笑服务是业务接待中最基本的服务手段,是情感服务。微笑会使人产生亲切、热情、平易近人的感觉,微笑具有沟通感情、传递信息的作用。业务接待员必须养成微笑服务的习惯。在与客户面对面的情况下要做到微笑服务,接听电话时更要采用微笑服务。微笑会改变你的口形,使声波更流畅,声音更动听,容易被客户接受。接听电话时客户虽然见不到人,但凭友好、温和的语气,会十分准确地感觉到接待员在微笑着跟他通话。很多客户在评价一个业务接待员服务质量好坏时常以微笑服务来衡量。

课题三 汽车维修业务接待礼仪

一、汽车维修业务接待基本礼仪

古人云"礼仪之始,在于正容体,齐颜色,顺辞令。"意思是说,礼是从端正容貌和修饰服饰开始的。一个有良好修养的人一定是体态端正、服饰整洁、表情自然、言辞得体的。仪容仪表美和内在美是一种表里的关系,一个人注重自身外在美的修饰是个人素养的体现,既维护了个人自尊,又体现了对他人的尊重。

(一)仪容仪表

1. 仪容

仪容主要是指人的容貌,如图4-1所示,主要包括面部五官、经常用作手势的手和上臂。在人际交往中,每个人的仪容都会引起交往对象的特别关注。整洁卫生、得体美观是仪容礼仪的基本要求。

2. 仪表

仪表是指人的外表,如图4-2所示。它包括人的形体、容貌、姿态、举止、服饰和风度等方面,是人举止风度的外在体现。风度是指行为举止、待人接物时,一个人内在修养的外在表现。风度是构成仪表的核心要素。

图 4-1　得体的仪容　　图 4-2　优雅的仪表

(二) 仪态

1. 站姿

站立是人们生活交往中一种最基本的仪态,它指的是人在站立时呈现出的具体姿态。优美的站姿能衬托出一个人的气质和风度。站姿的基本要求是挺直、舒展、线条优美、精神焕发。标准站姿如图 4-3 所示。

从正面看	全身笔直,精神饱满 两眼直视前方 两肩平齐 双臂自然下垂 脚跟并拢,两脚尖张开呈 60° 身体重心落于两腿正中	
从侧面看	下颚微收 挺胸收腹 腰背挺直 双手自然下垂	

图 4-3　标准站姿

2. 坐姿

坐姿是指就座之后所呈现的姿势。"坐如钟"是指人在就座之后要像钟一样稳重,不偏不倚。标准坐姿如图 4-4 所示。

从正面看	两眼直视前方 双手放在大腿中部 臀部只占座位的2/3 两腿并拢、自然弯曲	
从侧面看	下颚微收 挺胸收腹 腰背挺直 小腿和地面呈90°	

图 4-4　标准坐姿

3. 捡东西的姿态

人们在拿取低处的物品或捡起落在地上的东西时,要使用下蹲和屈膝,这样可以避免弯曲上身和撅起臀部,尤其是着裙装的女士下蹲时,稍不注意就会露出内衣,很不雅观。标准的捡东西姿态,如图 4-5 所示。

第一步	人体左侧面对着需捡的东西		第二步	双腿和膝盖并拢,右手扶住胸口,左手按住裙摆蹲下 
第三步	捡起东西		第四步	站立 

图 4-5　捡东西姿态

4. 行姿

行姿,也称走姿,指人们在行走的过程中所形成的姿势。"行如风"指的是人们行走时像一阵风一样轻盈。它是一种动态美,是站姿的延续动作。标准行姿如图4-6所示。

基本要求	
目光平视 挺胸收腹 摆臂自然 全身协调 匀速前进	手:手臂以肩膀连接处为轴心,在身体前后摆动,与身体夹角在10°~15°; 腿:行走时摆动大腿关节,带动小腿前进

图4-6　标准行姿

(三) 基本礼仪规范

1. 介绍

介绍是人际交往中互相了解的基本方式,正确的介绍可以使不相识的人相互认识,通过落落大方的介绍和自我介绍,也可以显示出良好的交际风度。介绍分为自我介绍和他人介绍。

1) 自我介绍

自我介绍如图4-7所示。自我介绍的基本程序是,先向对方点头致意,得到回应后再向对方介绍自己的姓名、身份和单位,同时递上准备好的名片。自我介绍时,表情要坦然、亲切,注视对方,举止庄重大方,态度镇定而充满信心,表现出渴望认识对方的热情。

自我介绍有一些忌讳需要注意和避免:

(1) 不要过分夸张热诚。

(2) 不要打断别人的谈话而介绍自己,要等待适当的时机。

(3) 要尊重对方,不要态度轻浮。

(4) 当一个以前曾经介绍过的人,未记起你的姓名,你不要做出提醒式的询问,最佳的方式是直截了当地再自我介绍一次。

2）他人介绍

他人介绍如图4-8所示。他人介绍是经第三者为彼此不相识的双方引荐、介绍的一种介绍方式。他人介绍通常是双向的,即将被介绍者双方各自均做一番介绍。做介绍的人一般是主人、朋友或公关人员。

图4-7　自我介绍　　　　图4-8　他人介绍

为他人作介绍时必须按"尊者优先"的规则：

(1)把年轻者介绍给年长者。

(2)把职务低者介绍给职务高者。

(3)如果双方年龄、职务相当,则把男士介绍给女士。

(4)把家人介绍给同事、朋友。

(5)把未婚者介绍给已婚者。

(6)把后来者介绍给先到者。

(7)先介绍主人后介绍客人。

介绍时应注意以下事项：

(1)介绍者为被介绍者介绍之前,一定要征求一下被介绍双方的意见,切勿直接开口即讲,这显得很唐突,让被介绍者感到措手不及。

(2)介绍人和被介绍人都应起立,以示尊重和礼貌；待介绍人介绍完毕后,被介绍双方应微笑点头示意或握手致意。

(3)介绍具体人时,要有礼貌地以手示意,而不要用手指指点点。

2. 握手

握手是交际的一个重要部分。握手的力量、姿势和时间的长短往往能够表达出对握手对象的不同礼遇和态度,显露自己的个性,给人留下不同的印象,也可通过握手了解对方的个性,从而赢得交际的主动。

1) 应当握手的场合

(1) 当遇到较长时间没见面的熟人时。

(2) 在较正式的场合和认识的人道别时。

(3) 在以本人作为东道主的社交场合,迎接或送别来访者时。

(4) 拜访他人后,在辞行时。

(5) 被介绍给不认识的人时。

(6) 在社交场合偶然遇上亲戚、朋友或上司时。

(7) 别人给予你支持、鼓励或帮助时。

(8) 表示感谢、恭喜、祝贺时。

(9) 对别人表示理解、支持、肯定时。

(10) 得知别人患病、失恋、失业、降职或遭受其他挫折时。

(11) 向别人赠送礼品或颁发奖品时。

2) 握手的顺序

(1) 长辈和晚辈之间,长辈伸手后,晚辈才能伸手相握。

(2) 上下级之间,上级伸手后,下级才能接握。

(3) 男女之间,女方伸手后,男方才能伸手相握。

(4) 主客之间,主人应主动先向客人伸手,以表示欢迎。

(5) 如果需要和多人握手,握手时要讲究先后次序,由尊而卑,即先年长者后年幼者,先长辈再晚辈,先老师后学生,先女士后男士,先已婚者后未婚者,先上级后下级。

3) 握手方式

握手如图4-9所示。握手的标准方式是:双腿直立,呈立正姿势,上身略向前倾,右手四指并齐、拇指张开向对方伸出,在齐腰高度与对方的右手虎口相交,拇指张开下滑,握住对方的手。

一般要将握手时间控制在3~5s以内。如果要表示自己的真诚和热烈,也可较长时间握手,并上下摇晃几下。

图4-9 握手

在面对众多客户不能一一握手时,可以用点头礼、注目礼或招手礼替代。

4) 握手的禁忌

在行握手礼时应努力做到合乎规范,避免下述失礼的禁忌:

(1)禁忌左手相握。

(2)禁忌握手时戴着手套或墨镜,女士在社交场合戴着薄纱手套握手是被允许的。

(3)禁忌握手时将另外一只手插在衣袋里或拿着东西。

(4)禁忌握手时太过力,也不可太无力,不要仅握住对方的手指尖,好像有意与对方保持距离。

(5)禁忌握手时把对方的手拉过来、推过去,或者上下左右抖个没完。

(6)禁忌拒绝握手,即使有手疾或汗湿、弄脏了,也要和对方说一下"对不起,我的手现在不方便",以免造成不必要的误会。

3. 名片礼仪

名片是介绍身份的工具,名片也是自己或企业的一种表现形式。

1)准备名片

要把自己的名片准备好,整齐地放在名片夹、盒或口袋中,要放在易于掏出的口袋或皮包里。不要把自己的名片和他人的名片或其他杂物混在一起,以免用时手忙脚乱或掏错名片。要保持名片或名片夹的清洁、平整。

2)递名片

递交名片要用双手或右手,用双手拇指和食指执名片两角,让文字正面朝向对方,递交时要目光注视对方,微笑致意,可顺带一句"请多多关照",如图4-10所示。

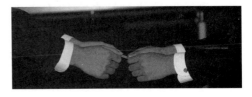

图4-10 递名片

3)接受名片

接名片时要起身用双手,接收后要认真看一遍上面的内容,最好能将对方的姓名、职务、职称轻声读出来,以示尊重。如果接下来与对方谈话,不要将名片收起来,应该放在桌子上,并保证不被其他东西压住,使对方感觉到你对他的重视。

4. 电话礼仪

1)接电话的礼仪

(1)电话铃一响,应尽快去接,最好不要让铃声响过三遍。

(2)拿起电话应先自报家门,"您好,这里是××公司××部。"然后用"请问您找哪位?""有什么事我可以帮忙吗?"这样的语气来接待对方。

(3)接电话时,对对方的谈话可做必要的重复,重要的内容应简明扼要地记录下来,如时间、地点、联系事宜和需解决的问题等。

(4)如果自己是帮别人代接电话,那么一定要说"非常抱歉,他现在不在,请您稍等好吗?"或"等他回来我会让他尽快给您回电话,方便的话,请留下您的联系方式可以吗?"

(5)电话交谈完毕时,应尽量让对方结束对话,若确需自己来结束,应解释、致歉。通话完毕后,应等对方放下话筒后,再轻轻地放下电话,以示尊重。

(6)电话用语应文明、礼貌,态度应热情、谦和、诚恳,语调应平和,音量要适中。

2)打电话的礼仪

(1)选择适当的时间。一般的业务电话最好避开临近下班的时间,因为这时打电话,对方往往急于下班,很可能得不到满意的答复。业务电话应尽量打到对方单位,若确有必要往对方家里打时,应注意避开吃饭或睡觉时间。

(2)电话接通后,用"您好,请问您是×××吗?"确认接电话者的身份,然后用"您好,我是××公司的×××。"通报自己的姓名、身份,必要时应询问对方是否方便,在对方方便的情况下再开始交谈。

(3)电话用语应文明、礼貌,电话内容要简明、扼要。

5. 拜访和接待礼仪

拜访和接待是社会交往中必不可少的环节。

1)拜访礼仪

(1)拜访前应事先和被访对象约定,以免扑空或扰乱主人的计划。

(2)拜访时间长短应根据拜访目的和主人意愿而定,拜访时要准时赴约,一般而言时间宜短不宜长。

(3)到达被访人所在地时,一定要用手轻轻敲门,进屋后应待主人安排指点后坐下。后来的客人到达时,先到的客人应该站起来,等待介绍。

(4)拜访时应彬彬有礼,注意一般交往细节。

(5)告辞时要同主人和其他客人一一告别,说"再见""谢谢",主人相送时,应说"请回""留步""再见"。

2)接待礼仪

(1)接待人员要品貌端正,举止大方,口齿清楚,具有一定的文化素养,受过专门的礼仪、形体、语言、服饰等方面的训练。

(2)接待人员服饰要整洁、端庄、得体、高雅;女性应避免佩戴过于夸张或有碍工作的饰物,化妆应尽量淡雅。

(3)如果来访者是预先约定好的重要客人,则应根据来访者的地位、身份等确定相应的接待规格和程序。在办公室接待一般的来访者,谈话时应注意少说多听,最好不要隔着办公桌与来人说话。对来访者反映的问题,应做简短的记录。

6. 乘坐轿车礼仪

1)上下车顺序

(1)上下车的时候,应该让客人、长者、职位高的人先上车、后下车。

(2)如果到达目的地有专人恭候,并负责拉开车门的话,则可以让客人、长者、职位高的人先下车。

(3)如果很多人同坐一辆车中,也可以谁方便谁先上车或下车。

2)座次安排

乘客座次的顺序见表4-3。

乘客座次的顺序 表4-3

	车主驾车		驾驶员驾车	
双排五座轿车	副驾驶座第一 后排右座第二 后排左座第三 后排中座第四	车主 1号 3号 4号 2号	后排右座第一 后排左座第二 后排中座第三 副驾驶座第四	驾驶员 4号 2号 3号 1号
三排七座轿车	副驾驶座第一 中排右座第二 中排左座第三 后排右座第四 后排左座第五 后排中座第六	车主 1号 3号 2号 5号 6号 4号	中排右座第一 中排左座第二 后排右座第三 后排左座第四 后排中座第五 副驾驶座第六	驾驶员 6号 2号 1号 4号 5号 3号

二、汽车维修业务接待礼仪规范

业务接待员应根据接待环节中不同的场合,灵活运用基本的礼仪规范,使客户感受热情周到的服务。

(一)维修业务接待基本举止规范

维修业务接待基本举止规范见表4-4。

维修业务接待基本举止规范 表4-4

基本举止	规　范
微笑	对客户在任何情况下都应保持微笑
打招呼	主动与客户打招呼,目光注视客户
握手	主动热情伸向客户,表达诚意,但对女客户不可以主动伸手,更不可以双手握
自我介绍	介绍自己的姓名、职务,力求清晰明了,坦诚亲切,可在介绍的同时,递送自己的名片
保持距离	与客户保持1m左右
交换名片	双手接客户名片,仔细收藏好,不可随意放在桌上;递送名片要双手送出,同时自报姓名
指点方向	五指紧闭、手心向上,指示方向;不可以只伸一个或两个手指

续上表

引路	在客人的左前侧为其示意前进的方向
送客	在客人的右前侧为其示意前进的方向

(二)维修业务接待基本礼仪要求

1. 客户到来

应面带微笑,主动热情问候招呼:"小姐(先生),您好,我能为您做些什么?",要使客户感受到你的友好和乐于助人。

2. 接待客户

应双目平视对方脸部三角区,专心倾听,以示尊重和诚意。

(1)对有急事而来意表达不清的客户,应劝其先安定情绪后再说。可为该客户倒杯水,并讲:"您别急,慢慢讲,我在仔细听。"

(2)对长话慢讲、语无伦次的客户,应耐心、仔细听清其要求后再回答。

(3)对口音重、说话难懂的客户,在交流过程中,可适时重复他所讲的重要信息,一定要弄清其所讲的内容与要求,不能凭主观推测和理解,更不能敷衍了事将客户拒之门外。

(4)对有意见的客户,要面带微笑,以真诚的态度认真倾听,不得与客户争辩或反驳,而要真诚地表示歉意,妥善处理。

(5)对个别有意为难、过分挑剔的客户,仍应坚持以诚相待、注意服务态度,要热情、耐心、周到,要晓之以理、动之以情。

(6)对待客户应一视同仁,依次接待,统筹兼顾;做到办理前一个,接待第二个,招呼第三个。在办理前一个时要对第二个说:"谢谢您的光临,请稍等",招呼后一个时要说:"对不起,让您久等了",使所有客户感到不受冷落。

3. 答复客户询问

要做到百问不厌,有问必答,用词用语得当,简明扼要,不能说:"也许、可能、好像、大概"之类模棱两可或含混不清的话。

(1)对一些不能回答的问题,不要不懂装懂,随意回答,也不能草率地说"我不知道""我不管这事"之类的话。应该实事求是地说,"对不起,很抱歉,这个问题我不清楚,我能否让××部门的××来为您解答。"或"对不起,很抱歉,这个问题我现在无法解答,我会尽量在三天内了解清楚,然后再告诉您,请您留下联系电话。"

(2)客户较多时,应先问先答,急问快答,不先接待熟悉的客户,依次接待,避免怠慢。使不同的客户都能得到应有的接待和满意的答复。

4. 核对客户证件资料

在核对客户的证件资料时要注意使用礼貌用语,核对完后要及时交还,并表示谢意,说"××先生(小姐),让您久等了,这是您的××证、××证,共两本,请您收好,谢谢"。

5. 接打电话

(1)电话来时,听到铃声,至少在第三声铃响前取下话筒。通话时先问候,并自报公司、部门。对方讲述时要留心听,并记下要点。未听清时,及时告诉对方。结束时礼貌道别,等对方挂断电话后自己再放下话筒。

(2)接打电话时,要坐端正,不要吃东西或喝水;否则,客户会感觉你是在敷衍了事。

(3)接打电话前,要准备好笔和记事本以便通话时记下要点,如何时、何地、何人、何事、为什么等。

(4)工作期间不在电话中聊天,不打私人电话。

(5)客户来电话查询,应热情帮助解决问题,如不能马上回答,应与来电话的客户讲明等候时间,以免对方久等而引起误会。

课题四　汽车维修业务前台接待

汽车维修业务接待员在汽车维修服务流程的每个环节都有具体的工作内容和要求,具体见表4-5。

业务接待员工作内容和要求　　　　表4-5

序号	接待流程	工 作 内 容	要　　　求
1	迎客	(1)问候; (2)寒暄; (3)轻启车门	(1)注意顾客情绪; (2)提醒车主关闭电源、放空挡、拉起驻车制动器手柄
2	询问预检制单	(1)询问来意; (2)询问作业内容; (3)检查车况,提醒贵重物品处理; (4)开施工单; (5)预计费用及时间; (6)确认去留、签名	(1)开放式问句; (2)递送纸巾/名片; (3)双向沟通; (4)上次维修满意度; (5)详列维修项目; (6)套上护车五件套; (7)最佳电访时间; (8)确认联络方式
3	派工	(1)移车入工位; (2)协调维修技工	(1)与技工交接; (2)确认时间并通知客户
4	引导	(1)引导客户至休息室; (2)安排交通工具	(1)递饮料; (2)递书报; (3)响应客户要求
5	跟进服务	(1)追加费用、时间告知客户; (2)征求同意	客户签字确认

续上表

序号	接待流程	工 作 内 容	要 求
6	竣工检验	确认维修事项是否完成	确认
7	结算/交车	(1)检查车身清洁; (2)交修事项确认; (3)结账; (4)送客	(1)车身清洁性; (2)收回护车五件套; (3)点交旧品; (4)协助会计; (5)协助开车门; (6)叮咛下次预约维护里程及交通安全; (7)指引交通

在前台接待中业务接待员最主要的工作是填写接车问诊表(接车单、进厂检验记录单)、制订维修施工单(任务委托书或维修委托任务书)、价格预算、跟进服务和价格结算。

一、填写接车问诊表

为避免客户提车时产生不必要的误会或纠纷,业务接待员在车辆进入维修车间维修前必须与客户共同对车辆进行环车检查,即进厂检验。检验完成后,填写接车问诊表并经客户签字确认。进厂检验的内容主要有车辆外观是否有漆面损伤、车辆玻璃是否完好、内饰是否有脏污、仪表盘表面是否有损、随车工具附件是否齐全、车内和行李舱是否有贵重物品等。接车问诊表见表4-6。一般一式两份,一份由车主保管,一份由企业保管。

二、制订维修施工单

维修施工单是客户委托维修企业进行车辆维修的合同文本。维修施工单的主要内容有客户信息、车辆信息、维修企业信息、维修作业任务信息、附加信息和客户签字等。维修施工单见表4-7。

业务接待员同客户签订维修施工单时需向客户解释清楚维修施工单的内容,重点解释说明维修项目、估算修理工时费、材料费、其他费用和预计完工时间。客户签字意味着对维修项目、有关费用和时间的认可。

项目四　汽车维修前台服务

接 车 问 诊 表　　　　　　表 4-6

车　　牌_____　电　　话_____　行驶里程_____(km)
保险公司_____　保险到期_____年_____月_____日
来店时间_____年_____月_____日

用户陈述及故障发生时的状况：_____
_____
_____

故障发生状况提示：行驶速度、发动机状态、发生频度、发生时间、部位、天气、路面状况、声音描述

接车员诊断结果记录或相关建议：_____
_____

车间确认结果记录及主要故障零部件：_____
_____
_____

　　　　　　　　　　　　　　　　　　　　　　　检测人：

外观确认：	功能确认：(工作正常√　不正常×)
	□音响系统　　□点烟器　　□中央门锁(防盗器)
	□后视镜　　　□天窗　　　□四门玻璃窗升降(　)
	物品确认：(有√　无×)
凹坑面"○"，划痕面"—"	有无贵重物品：□有　　□无
	□工具　　□千斤顶　　□备胎　　□眼镜
	□其他(　　　)
(请在有缺陷部位做标识)	旧件交还用户　　□是　　□否

　　检查费用说明：本次检查出的故障如用户在本店维修，检查费用包含在修理费用内；如用户不在本店维修，请您支付检查费，本次检查费：¥_____元。

　　贵重物品：在将车辆交给我店检查修理前，已提示车内贵重物品自行收起并保存好，如有遗失本店恕不负责。

　　业务接待员签字：_____　　　　客户签字：_____

维 修 施 工 单 表 4-7

委托号：　　　　　　　　　　　　　　第＿＿＿＿次来厂

车辆牌照		维修受理日期		预完工日期		维修类别	
发动机号		底盘号		车辆颜色		购车日期	
车辆厂牌		车辆型号		行驶里程		出厂日期	
车主		车主地址				进厂方式	
车主联系人		车主电话		车主手机		□ 旧件是否带回	

工种	施工内容	付费类别	工时费	维修员	组长复检

工时费合计：　　　减免工时费合计：　　　客户付工时费合计：

零件号	零件名	单位	型号	数量	单价	金额	付费类别

材料费合计：　　　减免材料费合计：　　　客户应付材料费合计：

工时费合计		材料费合计		其他费	
材料管理费合计		总费用合计			
用户描述		维修项目修订			
检验签字	机电主修		钣金主修	油漆主修	竣工检验
检验记录				维修建议	

业务接待员签字：＿＿＿＿＿＿＿　　客户签字：＿＿＿＿＿＿＿

维修施工单一般为三联,其中一联交付客户,作为客户提车时的凭证,以证明客户曾经将该车交付维修企业维修,客户结算提车时收回。企业自用的两联可分别用于维修车间派工及维修人员领料使用。

进厂车辆如果进行一级维护,可以直接同客户签订维修施工单。进厂车辆如果要进行故障修理,业务接待员应对客户车辆初步估算修理工时费、材料费及其他费用,预计完工时间,打印好维修施工单,请客户签字确认。

三、价格预算

汽车维修价格的预算,是汽车维修价格结算中的前期工作。依据有关规定,客户在接受维修服务之前有权知道该次维修的价格范围。比较准确地预算汽车维修费用,是汽车维修企业的经营管理素质的具体体现。

1. 汽车维修价格预算概念

汽车维修价格预算是指汽车维修企业作为承修方与托修方在签订汽车维修合同之前,根据汽车维修前技术状况的鉴定,对所列出的维修项目进行维修费用的概算。

2. 汽车维修价格预算方法

汽车维修价格预算时,先由汽车维修企业的维修业务接待员或专职检验员进行待修车的进厂检验和检测工作,认真听取客户对车况的陈述,并做必要的检验和不解体检测。根据车辆技术状况,与客户共同商定维修方案,确定维修项目,再根据确定的维修项目,确定维修工艺过程中所牵涉的工种,然后根据维修工时定额标准及本企业收费标准,预计所需工时费、材料费和其他各项费用,计算出将发生的维修预算总费用。

四、跟进服务

在维修作业进行时,业务接待员要时刻关注车辆的维修进度。这个过程主要通过看板管理来完成,如表4-8所示。

对于大型和中型汽车维修服务企业,负责工作进度控制的人员是车间主任或调度员,对于小型汽车维修服务企业,由业务接待员负责完成。

业务接待员在车辆维修期间的跟进服务内容如下:

(1)随时掌握工作进度,了解车辆维修状况,以便随时答复客户询问。

(2)当维修过程中维修的项目和维修时间有改变时,业务员接待员须及时将信息反馈给客户,同时须向客户说明更改后的维修项目、时间、预计费用、支付方法、交车时间。在征得客户同意后,告知车间主管以实施新的维修方案,必要时重新开具维修施工单,让客户签字确认。

维 修 管 理 看 板　　　　　表 4-8

20＿＿＿年＿＿＿月＿＿＿日

序号	车牌号	作业项目	维修工	进厂时间	预计完工时间	备注
1	浙G××	二级维护	王三	12:00	14:00	
2						
3						
4						
…						

(3)对索赔性质的维修有疑问的,业务接待员应向索赔员询问,须更改维修信息时应将相关信息反馈给客户,并征得客户同意,必要时重新开具维修施工单,让客户签字确认。

五、价格结算

汽车维修价格结算,是在承修车辆维修竣工交付使用时,由维修企业对车辆维修作业所发生的全部工时费、材料费及其他各种费用,用统计的方法计算出来,向客户收取全部费用的结算过程。汽车维修总费用就是工时费、材料费和其他费用 3 项之和。

1. 工时费

汽车维修工时费是指汽车维修所付出的劳务费用,即完成一定的维修作业项目而消耗的人工作业时间所折算的费用。

为了使汽车维修企业能够规范、统一、客观、合理地计算和收取汽车维修工时费,我国规定汽车维修工时费按统一规定的"工时单价"与统一规定的"工时定额"相乘的乘积进行计算,即汽车维修工时费的计算公式为:

$$工时费 = 工时单价 \times 工时定额$$

(1)工时单价:是统一规定的完成某种汽车维修作业项目每 1h 的收费标准。

根据汽车维修作业项目的不同,汽车维修工时单价主要分为3类:
①汽车大修(包括发动机、车架、变速器、前桥、后桥、车身等总成大修)。
②汽车维护(包括一级维护、二级维护)。
③专项修理(包括小修)。

(2)工时定额:是统一规定的完成某种汽车维修作业项目所需要的工时限额,通常也称为定额工时。

根据汽车维修作业项目的不同,汽车维修工时定额标准主要分为4类:
①汽车大修工时定额。
②汽车总成大修工时定额。
③汽车维护工时定额。
④汽车小修工时定额。

汽车维修企业可以自行制订维修工时单价和工时定额标准,但必须明码标价,并报所在地道路运输管理机构备案。汽车维修工时定额也可按各省区市机动车维修协会等行业中介组织统一制订的标准执行。

2. 材料费

汽车维修材料费是指汽车维修过程中合理消耗材料的费用,一般分为配件费、油料费和辅助材料费3类。

(1)配件费:配件费用包括外购配件费、自制配件费和修旧配件费3种。

(2)油料费:是指汽车维修过程中消耗的机油、齿轮油、润滑脂、汽油、柴油、制动液和清洗剂等油品的费用。

(3)辅助材料费:汽车维修辅助材料费是指汽车维修过程中消耗的棉纱、砂布、锯条、密封纸垫、开口销、通用螺栓、螺母、垫圈、胶带等低值易耗品。

3. 其他费用

其他费用就是指上述费用以外的、汽车维修过程中按规定允许发生的费用,主要包括材料管理费,外协加工费等。

4. 总费用的计算

$$维修总费用 = 工时费 + 材料费 + 其他费用$$

按汽车维修行业管理部门的规定,车辆维修竣工后,维修企业必须出具有效发票,其中,工时费、材料费、其他费等,必须开列清楚,并附维修结算清单。结算清单见表4-9。结算清单上应标明维修项目、材料配件清单和各项费用。

维 修 结 算 清 单　　　　　　　　表 4-9

委托单号：_____　　客户：_____　　车型：_____
车牌号：_____　　日期：_____

班组	维修项目	工时费（元）	材料费（元）	其他费（元）	总额（元）

序号	材料名称	型号、规格	单位	数量	单价（元）	金额（元）	备注
1							
2							
3							
4							
5							
6							
7							
8							
9							
总额		万　千　百　拾　元					

业务接待员签字：_____　　客户签字：_____

 课题五　汽车维修合同

汽车维修合同是一种契约，它是承、托修双方当事人之间设定、变更、终止民事法律关系的契约，是为了协同汽车维修活动达到按规定标准和约定条件维修

汽车的目的而协商签订的相互制约的法律性协定。

汽车维修合同的特征是一种法律文书,其目的是在于明确承、托修双方设定、变更、终止权利义务的一种法律关系。在合同关系中,承、托修双方当事人的地位是独立的、平等的、有偿的、互利的。

汽车维修合同的作用是有利于维护汽车维修市场秩序,保护承、托修双方的利益;有利于企业改进经营管理;促进汽车维修企业向专业化、联合化方向发展。

一、汽车维修合同的主要内容

维修合同文本中主要有以下要素:

(1)承、托修双方名称、联系方式。
(2)签订合同的日期、地点和编号。
(3)托修车辆牌照号、型号、发动机号、车架号、VIN代码、车辆注册登记日期、里程表里程数。
(4)维修类别、项目。
(5)维修质量保证期。
(6)送修日期、地点、方式。
(7)交车日期、地点、方式。
(8)预计维修费用。
(9)托修方所提供材料的规格、数量、质量及费用结算原则。
(10)验收标准和方式。
(11)结算方式和期限。
(12)违约责任和赔偿金额。
(13)解决合同纠纷的方式。
(14)双方商定的其他条款。

二、汽车维修合同的签订

1. 合同签订的原则

汽车维修合同必须按平等互利、双方自愿、等价有偿的原则依法签订。一旦签订,双方签章后立即生效。

2. 合同签订的形式

汽车维修合同的签订形式分两种:

(1)长期合同,一般在1年内使用有效。

(2)一次性合同,在汽车维修完成交车、质量保证期满且结算完成后即失效。

承修、托修双方根据需要也可签订单车或成批车辆的维修合同,也可签订一定期限的包修合同。

3. 合同签订的范围

在一般情况下,有下列四种情况必须签订维修合同:

(1)汽车大修。

(2)汽车总成大修。

(3)汽车二级维护。

(4)维修预算费用在1000元以上的项目。

三、汽车维修合同的履行

汽车维修合同的履行指汽车维修合同一旦签订,承、托修双方必须按合同的规定内容全面完成各自承担的义务,实现合同规定的权利。

1. 托修方义务

(1)按合同规定的时间送修车辆和接收竣工车辆。

(2)提供送修车辆的有关情况(包括送修车辆基本技术资料、技术档案)。

(3)如果提供原材料,必须是质量合格的原材料。

(4)按合同规定的方式和期限交纳维修费用。

2. 承修方的义务

(1)按合同规定的时间交付修竣车辆。

(2)按照有关汽车修理技术标准(条件)修理车辆,保证维修质量,向托修方提供竣工出厂合格证,在保证期内应尽保修义务。

(3)建立承修车辆维修技术档案,并向托修方提供维修车辆的有关技术资料及使用的注意事项。

(4)按规定收取维修费用,并向托修方提供票据及维修工时、材料明细表。

四、汽车维修合同的变更和解除

变更合同是指汽车维修合同在未履行或完全履行之前由双方当事人依照法律规定的条件和程序,对原合同条款进行修改或补充。

解除合同是指汽车维修合同在未履行或没有完全履行之前由双方当事人依

照法律规定的条件和程序,解除合同确定的权利义务关系,终止合同的法律效力。

1. 汽车维修合同变更或解除的条件

双方协定变更、解除维修合同的条件:

(1)双方当事人协商同意。

(2)不损害国家和集体的利益。

(3)不违反法律法规的规定。

单方协定变更、解除维修合同的条件:

(1)发生不可抗力。

(2)企业关闭、停业、转产、破产。

(3)单方严重违约时。

除上述条件外,合同双方均不得单方变更、解除合同。在条件外一旦单方变更、解除合同,视为违约。

2. 维修合同变更或解除的程序及法律后果

汽车维修合同签订后,当事人一方要求变更或解除合同时,应及时以书面形式通知对方,提出变更或解除合同的建议,并得到对方的答复,同时协商签订变更或解除合同的协议。

因一方未按程序变更或解除合同,使另一方遭受损失的,除依法可以免除责任外,责任方应负责赔偿。

3. 汽车维修合同的担保

汽车维修合同一般采取的是定金担保形式。它是一方当事人在合同未履行前,先行支付给对方一定数额的货币,这种形式是在没有第三方参加的情况下,由合同双方当事人采取的保证合同履行的措施。定金是合同成立的证明。托修方预付定金违约后,无权要求返还现金;接受定金的承修方违约应加倍返还定金。定金的制裁作用,可以补偿因不履行合同而造成的损失,促使双方为避免制裁而认真履行合同。

五、汽车维修合同填写

汽车维修合同是规范市场经营行为,保护承、托修双方合法权益的法律措施,是道路运输管理部门处理汽车维修质量和价格纠纷的依据。

在填写合同时,必须按要求认真填写,具体要求见表4-10。

汽车维修合同填写要求   表 4-10

类别	项目名称	填写要求
承托修双方基本信息	合同编号	按省级道路运输管理机构规定填写
	托修方	填写送修车辆单位(个人)的全称
	承修方	填写汽车维修企业的全称
	托修方(章)	盖单位的印章,没有印章的填写单位全称或个人姓名及身份证号
	承修方(章)	盖承修方单位的印章
	经办人	填写承修方或托修方法人代表指定的姓名
托修车辆基本信息	车辆牌照号、型号、注册登记日期	按交警部门发放的行驶证填写
	发动机号、车架号、VIN码	按生产厂家编号填写
	里程表里程数	按里程表实际填写
承托修双方约定条款	送修、交车日期、方式、地点、签订时间	按实际填写
	维修类别及项目	填写托修方报修项目及附加修理项目
	材料提供方式	按"托修方自带""承修方提供"等填写
	质量保证期	用大写填写质量保证的天数和行驶里程数
	验收标准及方式	填写所采用的标准编号和双方认同的内容、项目及使用设备等
	违约责任及赔偿金额	填写双方认同的各自责任和应承担的金额数

续上表

类别	项目名称	填写要求
承托修双方约定条款	预计维修费总金额	填写承修方初步估算的维修费(包括工时费、材料费、其他费等)总金额
	结算方式	按约定填写
	双方商定的其他条款	填写双方未尽事宜

以下为某市汽车维修合同文本,以作范例。

××市汽车维修合同(样本)

托修方(甲方):＿＿＿＿＿＿＿＿＿＿＿＿＿＿＿＿
承修方(乙方):＿＿＿＿＿＿＿＿＿＿＿＿＿＿＿＿

1. 托修车辆基本信息:

号牌号码	品牌型号	发动机号码	VIN代码/车架号	注册登记日期	里程表公里数

2. 维修项目:预定维修项目以双方确认的《进厂检验记录单》为准;实际维修项目以《维修结算清单》为准。

3. 维修材料:

品名	零件号	制造商	规格	型号	价格	数量	类别	提供方式

注:1.具体内容见《维修结算清单》。2."类别"为"原厂件""副厂件"或"修复件"。3."提供方式"为"甲方自备"或"乙方提供"

4. 竣工交车日期:＿＿＿年＿＿月＿＿日,交车地点:＿＿＿＿＿＿＿＿。

5. 验收及提车:甲方应当在乙方交车后当场验收;验收合格的,甲方应当在《机动车维修竣工出厂合格证》上签字确认,并按照《维修结算清单》结清维修费用后,方可提车。

6. 结算方式：_____。

7. 合同变更：托修车辆竣工交付前，双方可以（书面□　电话□）通知的方式，就维修项目、维修工时和材料、竣工交车日期等内容进行变更。

8. 违约责任：(1)迟延履行的，应当向对方支付迟延履行违约金_____元/日；(2)_____。

9. 其他约定：_____。

10. 本合同经双方签字盖章后生效。合同一式两份，双方各执一份。

请在签字前充分了解有关事宜，认真填写表格内容，仔细阅读并认可背书合同条款，特别是黑体字部分

托修方（签章）：　　　　　　　　　承修方（签章）：

经办人（签字）：　　　　　　　　　经办人（签字）：

联系方式：　　　　　　　　　　　　联系方式：

签约日期：_____年____月____日　　签约日期：_____年____月____日

承、托修双方权利义务

一、适用范围

本合同主要适用于甲方委托乙方进行的汽车总成修理、整车修理或道路运输营运车辆的二级维护。其他维修项目也可参照使用本合同。

二、甲方权利、义务和责任

(一)向乙方交付托修车辆时，应当自行取走车内可移动贵重物品及相关证件。

(二)要改变托修车辆车身颜色，更换发动机、车身或车架的，应当依法办理有关审批手续，并向乙方出示相关手续的原件及复印件。

(三)自备维修材料的，应当承担因材料质量问题产生的相应责任。

(四)应当根据乙方维修工作的需要积极履行协助义务。

(五)应当按照合同约定验收、结清维修费用并提车。

(六)对乙方擅自将维修工作转托他人，或维修质量达不到国家、行业标准或地方标准要求的，有权要求乙方返修，也可解除合同并要求乙方赔偿损失。

续上表

（七）对乙方未签发《机动车维修竣工出厂合格证》、未按照规定出具结算发票和《维修结算清单》的，有权拒绝支付维修费用。

三、乙方权利、义务和责任

（一）应当对托修车辆进行维修前进厂诊断检验，并填写《进厂检验记录单》。

（二）应当妥善保管托修车辆及固定或遗落在托修车辆上的附件、设备及有关物品。除因维修或检验目的外，不得以任何形式使用托修车辆。违反上述约定造成托修车辆损坏的，应当无偿修埋并赔偿损失。

（三）应当使用符合国家规定及双方约定的维修材料，否则应当无条件更换，并依法承担赔偿责任；由此影响甲方正常使用的，应当按照迟延履行的违约责任标准执行。

（四）维修过程中换下的配件、总成，竣工交车时应当交由甲方自行处理；但对环境有影响的废弃物品，应当在征得甲方同意后按照有关规定统一处理。

（五）托修车辆竣工质量检验的各项技术指标应当符合相关国家、行业标准或地方标准的要求，并签发《机动车维修竣工出厂合格证》并交甲方保存。

（六）向甲方交付托修车辆时，应当出具符合规定的结算发票，并附《维修结算清单》，清单中工时费与材料费应当分项列明。

（七）对甲方无正当理由拖欠维修费用的，可行使留置权。

（八）质量保证期以《机动车维修竣工出厂合格证》载明的期限或里程为准，但不得低于国家规定的最低标准。返修车辆质量保证期自返修竣工交付日起重新计算。

（九）在质量保证期内，因维修质量原因导致托修车辆无法正常使用，且乙方在3日内不能或者无法提供因非维修原因而造成托修车辆无法正常使用的相关证据的，乙方应当及时无偿返修，做好车辆返修记录，不得故意拖延或者无理拒绝。托修车辆因同一故障或维修项目经两次修理仍不能正常使用的，乙方应当联系经甲方认可的其他汽车维修企业对车辆进行维修，并承担相应维修费用。由此影响甲方正常使用的，按照迟延履行的违约责任标准执行。

四、其他条款

（一）《进厂检验记录单》《维修结算清单》《机动车维修竣工出厂合格证》应当经甲方签字确认，作为本合同附件。

续上表

> （二）结算价格按照乙方公示的汽车维修项目工时费和材料费价目表执行。
>
> （三）在本合同项下发生的纠纷，双方可协商解决或向辖区道路运输管理部门申请调解解决；不愿协商、调解或协商、调解不成的，可向人民法院提起诉讼或依据另行达成的仲裁条款或仲裁协议申请仲裁

课题六 客户档案管理

对汽车维修企业来说，客户是非常重要的经营资源，通常利用客户档案可以建立客户群，扩大业务，提高企业的知名度等。

一、客户档案概述

1. 客户档案定义

汽车维修客户档案是汽车销售、维修企业在向客户销售汽车、实施维修服务的过程中建立起来的，以备日后查考的文件，它完整记录了客户车辆所有完成过的维护、修理项目，可以以纸质或电子文档方式保存。

2. 客户档案建立的目的

(1) 维修企业可以稳定基本的客户服务群体。

(2) 可以了解目标客户的基本需求及个性化需求，提高企业的盈利水平。

(3) 可以向客户提供有针对性的汽车维修服务，提高客户的满意度和忠诚度。

3. 客户档案内容

客户档案的内容主要有两个方面：一是客户基本资料，二是车辆维修档案。

(1) 客户基本资料：对于不同的企业来说，对客户基本资料内容的要求各不相同，一般客户的资料分为4个部分。

①车主的基本信息：姓名、性别、出生日期、身份证号码、住址、邮政编码、联系电话和手机号码等。

②车主的扩展信息：车主的电子信箱、电话号码，车主的其他联系人、开户银

行、开户账号、税号、所在地区和类别等。

③车辆的基本信息:车牌号、VIN码、发动机号、车架号(底盘号)、钥匙号、出厂日期、首次维护日期、车型和车型分类等。

④车辆的扩展信息:购买日期、档案登记日期、保险公司名称、保险联系人、续保日期、下次应维护日期、上次业务日期、行驶证年检日期等。

(2)车辆维修档案:汽车进行二级维护、总成修理、整车修理的,汽车维修企业应为其建立车辆维修档案。维修档案主要内容包括:维修合同、维修项目、具体维修人员及质量检验人员、检验单、竣工出厂合格证(副本)及结算清单等。汽车一级维护、小修的资料记录在维修登记本中。

二、客户分类

所有汽车维修客户,按照给企业带来的利润率,可以划分为重点客户、一般客户、维持型客户、无效客户4类。

(1)重点客户:这类客户可能人数不多,维修作业总量也不大,但是他们往往愿意接受高价位的维修作业,也愿意接受最新的维修项目,是企业利润的主要创造者,属于消费领袖级别的客户。

(2)一般客户:是最为庞大的客户群体,人数众多,但给企业带来的利润却不多。

(3)维持型客户:属于基本给企业不带来多少利润的客户,但从企业的经营来说,他们可以为企业带来业务量。

(4)无效客户:属于企业出于经营、社会关系等方面的需要,不得不照顾的客户群体,这些客户不仅不会给企业带来利润,有时还要倒贴许多成本,属于不愿接纳又不得不接纳的客户。

三、客户档案管理及使用

1. 客户档案管理

(1)客户进厂后业务接待人员当日要为其建立业务档案。

(2)客户档案由业务部门负责收集、整理和保管。

(3)客户基本信息应及时更新、整理,并利用电脑存档;纸质档案应保持整齐、完整,不得混杂乱装,档案袋应有明确的标识,以便检索查询,同时防止污染、受潮、遗失。

(4)汽车大修、总成大修、汽车二级维护的客户档案一车一档,一档一袋;汽车一级维护、小修的资料在维修登记本中保存。

(5)车辆维修档案应认真填写,记载及时、完整、准确,不得任意更改。

(6)维修档案保存期为两年。

2.客户档案使用

(1)担当车辆"保姆":对大多数车主来说,对自己的车辆技术状况不是很熟悉,汽车维修企业可以通过车辆维修档案,给客户提出使用建议、维修计划等一系列方案,供客户选择,充当车辆使用、维修方面的"保姆"角色。

(2)短信提醒服务:维修企业借助手机短信平台,可以在特殊的日子向客户提供提醒服务,如定期维护提醒、车辆年检提醒、保险续保提醒、恶劣天气驾驶提醒、维修满意度调查、生日祝福等,既可使客户规避风险,又可以及时获得客户来店维修的业务量。

课题七 客户投诉处理

汽车维修服务涉及的环节较多,遭遇客户投诉的可能性很高,没有哪一家汽车维修服务企业敢说自己没有被投诉,客户都是满意的。客户投诉或抱怨是客户对服务质量不满的一种具体表现。企业应抱以正确的态度,采用正确的方法来处理客户投诉。客户投诉处理不当,会让客户失望,激化矛盾,甚至导致投诉升级,也会丢失客户。如果处理得当,会为企业赢得更多的发展机会。

一、客户投诉的意义

1. 客户投诉是提升企业产品质量和服务水平的良机

客户投诉是客户与企业联系的纽带,它能为企业提供许多有益的信息。客户提出抱怨、投诉,实质是告诉企业在产品质量和服务水平上存在不足。企业从客户的投诉与意见中,发现经营管理中存在的问题。客户投诉有利于纠正企业服务过程中的问题和失误,并且企业还可以利用客户投诉的机会,不断改进内部工作。

2. 客户投诉是重新赢得客户的机会

向企业投诉的客户,是向企业寻求解决方案,说明客户并没有对企业完全失望,而是希望得到企业的重视。企业应积极处理客户投诉,通过补偿客户在利益上的损失,赢得客户的谅解和信任。许多投诉案说明,只要客户投诉处理得当,客户对该企业的忠诚度大多会比发生投诉之前更高,会与企业建立良好的关系。从这个角度来说,企业不应惧怕客户投诉,而是更应该重视客户投诉。

3. 客户投诉是建立和巩固良好的企业形象的契机

客户投诉如果能得到及时、有效的处理,客户的满意度会大幅度提高。有时客户会成为企业的义务宣传员,为企业进行正面宣传。客户的正面宣传,不仅可以增强现有客户对企业的信心和忠诚度,还可以对潜在客户产生影响,有助于提高企业在客户心中的地位。优秀的企业都会加强与客户的联系,且善于倾听客户的意见,不断纠正企业在服务过程中出现的失误,补救和挽回给客户带来的损失,建立和巩固良好的企业形象。

二、客户投诉的内容

在汽车维修企业客户投诉中,投诉内容主要有以下几个方面:

(1)针对服务态度。业务接待员服务客户时,服务态度不良(如怠慢、服务不及时、语气不好、脸色难看等)或与客户沟通不够、曲解意图等。

(2)针对维修质量。因维修技术原因,车辆故障未能消除,造成返修,或维修质量未达到客户要求。

(3)针对服务收费。客户认为维修收费价格与其期望相差太大,存在不合理收费问题。

(4)针对维修时效。在维修过程中,未能及时供应车辆所需配件或维修不熟练或对维修工作量估计不足,又未及时与客户沟通说明原因求得谅解。

(5)针对产品质量。由于整车设计、制造或装配不良所产生的质量缺陷,与客户沟通不够,或由于使用劣质配件,造成车辆无法正常使用。

三、客户投诉的方式

1. 一般投诉

(1)面对面表示不满。这种客户会将不满直接发泄给接待他的人,如业务接待员、结算员、生活接待等。

(2)投诉至企业领导处。采用方式一般为电话投诉或直接投诉。

(3)投诉至汽车制造商总部。这种情况一般发生在特约维修服务的4S企业,由于对服务网点的处理不满意,而投诉至制造商总部。

2. 严重投诉

(1)向行业主管部门投诉。此种投诉一般为产品质量问题。

(2)向消费者协会投诉。希望消费者协会能帮助解决问题。

(3)通过电视、广播、报纸等新闻媒体曝光问题。

(4)通过汽车俱乐部或车主俱乐部反映问题。

(5)在互联网上发布信息。此类投诉目的是希望引起社会的关注,给厂家施加压力;同时希望此举能给厂家造成负面影响。

(6)通过律师打官司。通过法律手段解决其问题。

四、客户投诉处理的基本要求

1.明确处理客户投诉的负责人

处理客户投诉的主要负责人一般是业务接待员、业务经理或服务经理。遇到严重投诉时,企业主要负责人应出面处理。一般工作人员,如维修人员、配件保管、后勤人员等,不宜直接处理客户投诉。

2.明确客户的需要

在处理客户投诉或抱怨之前,要再次明确客户的需求。

(1)实质需要,又称为理性需求,具体包括产品质量、价格合理和按时交车。

(2)精神需要,又称为感性需求,具体包括感到受欢迎、舒适、被理解和被重视。

3.明确客户投诉的主因

(1)不被尊重。客户感觉没有受到应有的尊重,或没有受到与其他人一样的尊重。

(2)与期望相差太大。此种情况一是由于客户有过去的经验做比较,主要是价格方面,使其感到受到了不平等的待遇;二是由于业务接待员与客户沟通不够,随意增加了维修项目且不和客户沟通等。

(3)多次不满的积累。累计多次不满而产生抱怨,最终导致客户投诉。

(4)受骗的感觉。由于企业有意欺瞒而导致客户的不满。

4.明确客户投诉的心理

(1)寻求发泄。

(2)寻求尊重。

(3) 寻求赔偿。

5. 要注意仪容仪表

业务接待员的仪容仪表很影响客户心情,因此应引起企业的注意。

(1) 外表:穿着、精神面貌。

(2) 身体语言:眼神、脸部表情、肢体动作。

(3) 情绪上的表现:语音、语调。

6. 需要专业知识

处理客户投诉或抱怨时,一定要具备专业知识,否则处理问题时就会说一些外行话,可能会进一步激化矛盾。

五、客户异议处理技巧

客户异议就是客户对业务接待员所说的内容不明白、不同意或持反对的意见。在企业提供服务的过程中,经常会碰到这种现象。处理客户的异议,一般可采用的方法有忽视法、补偿法、询问法、顺应法、成本细分法、直接反驳法等。

1. 忽视法

当客户提出反对意见,且这些意见和眼前的交易扯不上直接关系,其用意并非真的想要获得解决或讨论,这就是虚假的异议。这时业务接待员最好不要反驳,只需要微笑地同意或转而谈要说的问题即可。

2. 补偿法

当客户提出的异议有事实依据时,即是真实的异议。业务接待人员应该承认并欣然接受,强力否认事实是不明智的举动。

3. 询问法

透过询问,把握住客户真正的异议点。业务接待员在没有确认客户反对意见的重点及程度前,不要直接回答客户的反对意见,不然可能会引出更多的异议。这时,业务接待员可以问"为什么?",让客户自己说原因。

4. 顺应法

人们有一个共性,即不管有理没理,当自己的意见被别人直接反驳时,内心总是不痛快,甚至会被激怒,尤其是遭到一位素昧平生的业务接待员的正面反驳。因此,业务接待员最好不要直接提出反对的意见。在表达不同意见时,尽量利用"是的……如果"的句式,软化不同意见的口语。用"是的"同意顺应客户部分的意见,在"如果"中表达在另外一种状况是否会比较好。

5. 成本细分法

把客户的注意力从庞大的总数,转化成细分化后的金额,让客户能更客观、清楚地衡量他能得到的,效果会更好。一般适用于客户对价格有异议。

6. 直接反驳法

在顺应法的说明中,不要直接反驳客户。直接反驳客户容易陷入与客户的争辩中。但以下情况下,必须直接反驳,以纠正客户不正确的观点:

(1) 客户对企业的服务、诚信有怀疑时。

(2) 客户引用的资料不正确时。

出现上面两种情况时,必须直接反驳,因为客户若对企业的服务、诚信有所怀疑,处理成功的可能性几乎是零。如果客户引用的资料不正确,那么以正确的资料佐证观点,客户会很容易接受且更信任。

六、平息客户愤怒的技巧

在接待工作中,如果面对一位愤怒的客户,业务接待员首先应保持冷静与理智。无论客户爆粗口、沮丧、糊涂还是发怒,都一定要处理好自己与客户的关系。一般来说,可以按照以下方法步骤进行处理:让客户发泄、不陷入负面评价、移情于客户、主动解答问题、双方协商解决方案、跟踪服务。

1. 让客户发泄

(1) 冷静倾听。

不要在客户开始发泄时就试图解决问题,这是难以奏效的。只有在客户发泄完后,他才会恢复理智,听进他人的说法。因此,最好的办法是保持冷静,避而不言,而不是打断客户使他恼羞成怒。在处理中要尽量避免使用以下语言:

①您好像不明白。

②您肯定弄混了。

③您真糊涂/您搞错了。

④我们不会/从没/不可能。

⑤这不是我们的规定等。

(2) 关注客户。

虽然不能在客户发泄时打断他,但业务接待员必须要让客户知道你正在关注着他、正在仔细倾听。要做到这一点,业务员接待员可以不时地点头,不时地说:"噢、嗯",并保持眼神交流。

(3) 克制自己。

当客户发泄的时候,他可能会表现出一些过激的行为。而这种过激的行为很可能会个人化,甚至会迁怒业务接待员。此时一定要记住,自己仅仅是他倾诉的对象,努力克制自己的行为,不能有针对客户的反击行为,否则会使事态恶化。

2. 不陷入负面评价

一位愤怒的客户,往往会产生过激的言辞和行为。有的业务接待员在遇到这种情况时,通常表面上强压怒火而心里却在默默用"不是东西、啥玩意"等评价客户,这实际上就是陷入了负面评价。业务员接待员一旦陷入负面评价,对客户的看法就会越来越坏,造成与客户无法沟通,使事态进一步恶化。

3. 移情于客户

当客户发泄完怒气后,通常会逐渐平静下来。业务接待员要抓住这一机会,用简短且真诚的表达方式,使客户逐步进入沟通状态。这时可以采用移情于客户的方式。移情的作用是表明业务接待员已明白了客户的感受,但这不代表非得赞同他的观点。通过让客户知道业务接待员明白他为什么难受,就能与客户进行的沟通。

对客户移情表达的措辞有:

(1)"我能明白您为什么觉得那样"。

(2)"我明白您的意思"。

(3)"那一定非常难过"。

(4)"我理解那一定使人生气"。

(5)"我对此感到遗憾"等。

移情作用不是同情,同情是过于认同他人的处境。例如,如果有一位愤怒的客户向你走来说:"你们公司的修理质量太差了!"。用同情方式的回答是:"您说得对,经理就知道赚钱!",用移情方式的回答则是:"我能明白您为什么觉得那样"。

4. 主动解答问题

与客户进行沟通时,可以通过提问的方式主动帮助客户解答问题。提问时应当注意以下几点。

(1) 不要自作结论。当问客户问题时,一定要注意听他所讲的每个细节,不要因为你以前也可能有过相同的经历,就自认为已经知道答案了,从而疏忽了一些很重要的细节,一定要耐心倾听客户叙说。

(2) 防止主题转移。客户有时会省略一些他以为这不重要或者忘记的信息,而这些信息对于业务接待员来说可能非常重要,因为它们很有可能是解决问题的关键。业务接待员应该在客户述说主题转移时,实行跳跃式的谈话,将主题回到原来的轨道。

5. 双方协商解决方案

业务接待员在掌握有关信息后,需要与客户一起探讨,制订出合理的解决方案。为了快速、有效地制订出方案,业务接待员需要将有关问题的内容、时间与客户充分沟通,征得客户同意。

6. 跟踪服务

对客户进行跟踪服务,即通过电话、电子邮件或信函来跟进方案的实施效果。通常有两种情况:

(1) 大多数的情况,客户对解决方案的实施感到满意。

(2) 少数情况,个别客户对解决方案感到不满意。

遇到第二种情况时,业务接待员不要有到此为止的念头,而要尽快寻求一个更可行的解决方案。

七、客户投诉处理的技巧

客户的不满可能表现在很多地方,从产品到服务,再到承诺的异议,客户都可能产生不满。对客户的投诉处理得好,不仅可以增强客户的忠诚度,还可以提升企业的形象。处理得不好,不但会丢失客户,还会给公司带来负面影响。客户投诉有善意和恶意之分,善意的投诉可以使企业服务更完善,投诉是企业创新的源泉。

1. 应对客户投诉的心理准备

(1) 要避免感情用事。客户在投诉时难免会出现过激行为,在这种情况下业务接待员必须克制自己的情绪,尽可能冷静、缓慢地交谈。

(2) 要有把客户投诉当成获得重要情报的心理。投诉也是一种信息,客户通过抱怨和投诉把需求动向反馈给企业,企业可以不断改善。

(3) 不要有"客户的攻击是在针对我"的心理。

2. 处理客户投诉的原则

（1）以诚相待。

处理客户投诉的目的是获得客户的理解和再度信任,如果客户感觉维修企业在处理投诉时是没有诚意的、是在敷衍,可能会导致负需求。

（2）迅速处理。

处理时间拖得越久越会激发投诉客户的愤怒,同时也会使他们的想法变得顽固而不易解决。所以要及时处理客户的投诉。

（3）对客户的投诉表示欢迎。

认为客户总是有理的,可以使客户感到业务接待员与自己站在一边,从而消除内心情感上的对立和隔阂,有利于解决问题。

（4）站在客户的立场上想问题。

客户一旦投诉,其心理上自然会强烈认为自己是对的,业务接待员与之交涉时一定要避免争吵,站在客户的立场上角色转换后,想法和看法就会有很大的转变。

3. 几种抱怨客户的处理方法

（1）电话回访时客户的抱怨。

要注意抱怨永远无法在电话中一次解决,所以应当采用请客户上门或业务接待员登门致歉等方式。

（2）处理人员已经无法忍受时的处理模式。

①紧急调度其他人员来接应。

②假设自己专业不足,请同事协助。

③改由其他人来处理。

④找借口走开,并询问可否找他人。

（3）媒体已经来厂的应对模式。

①不可发表任何言论。

②也不可以接受私下访问。

③赶快请主管来处理。

④确认对方是否有记者证,若没有则不可拍照。

⑤主管还没来时要热情地招待记者,不可置之不理。

⑥若对方没有工作证应请示主管,必要时找公安部门来处理。

4. 处理客户投诉的程序

投诉处理一般程序如图 4-11 所示。

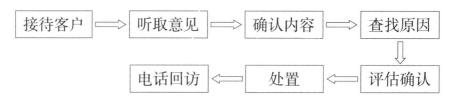

图 4-11 投诉处理程序

(1) 接待客户。请客人到办公室或会议室,这样做既表示对他的重视,又避免影响其他客户。

(2) 听取意见。仔细听取客户的意见,说话要有礼貌;客户在投诉时的情绪往往比较激动,应请他尽情地发泄,并耐心倾听,即使他用一些比较恶劣的语言,客人的情绪是针对所投诉的事件,而不是针对业务接待员个人的,所以业务接待员完全可以心平气和地对待,让客人平静下来。

(3) 确认内容。确认已经了解客户投诉的内容。继续讨论之前,业务接待员必须完全了解客户投诉的问题所在,否则没有办法与客户达成共同的意见。必要时,重复自己对客户问题的理解,并询问客户是否同意你的复述。

(4) 查找原因。认真检查车辆,查阅过去的维修记录,或与客户一起再次路试,找出问题所在,判定责任在维修企业还在客户。

(5) 评估确认。对事件作出评估,向客户解释。

① 告诉客户汽车故障发生的原因,以及将采取的解决方案,包括将采取的措施及时间安排,取得客户的同意。

② 如果是企业的过失,不要辩解,为错误向客户道歉。

③ 如果是客户的过失,以委婉而有礼貌的态度告诉他故障发生的原因,建议防止这类故障再次发生的办法,不要让客户觉得没有面子。

④ 解释的时候,不要对客户太委曲求全。

⑤ 如果双方都不愿意妥协,将会陷入僵局。协调应以相互信任的态度进行,寻求双方都能接受的处理意见。

⑥ 让客户觉得他是重要的。

(6) 处置。立即采取措施,如果是简单维修,尽可能请客户在场;向客户解释已经采取的补救措施;感谢客户使你注意到这些问题,从而可以改进工作。

(7) 电话回访。通过电话了解客户对投诉是否满意,如果不满意,则应回到适当的步骤,重新处理。

项目五　汽车维修生产管理

学习目标

1. 知识目标

了解汽车维修生产计划编制的基本方法；了解汽车维修生产的调度和管理的一般方法；熟悉汽车维护、修理制度和生产工艺；熟悉汽车维修企业的质量检验方法和汽车维修检测方法；了解汽车检测参数标准；掌握汽车维修竣工出厂规定和质量保证规定。

2. 技能目标

能编制单车维修生产计划；能调度维修班组进行维修作业；能填写汽车二级维护、整车修理、发动机修理进厂检验单和出厂检验单。

3. 素养目标

培养良好的敬业精神、团队合作意识、与人沟通能力及自动化办公设备运用能力和信息处理能力。

建议课时

10课时。

　汽车维修生产计划管理

汽车维修生产计划是指由汽车维修企业生产管理部门编制的，关于承担汽车维修作业的人员、物料和时间等的安排。汽车维修生产计划是汽车维修企业组织生产的依据，也是进一步编制汽车维修工艺卡等技术文件的依据。

一、维修生产计划的作用

汽车维修生产计划能从时间上保证客户车辆按期进厂和维修车辆按期出厂,为客户节约时间,为企业增加信誉。科学合理的维修生产计划还可以提高人员、设备、场地、资金等使用率,减少浪费,均衡生产任务,保证维修质量。

二、维修生产计划的分类

汽车维修生产计划可以按其内容分为厂或车间的维修生产计划、单辆汽车或单台总成的维修生产计划等,也可以按计划时期分为年度、季度、月度、周或日的维修生产计划。一般生产计划还可以分为长期、中期及短期几种。

三、维修生产计划的编制

1. 编制维修生产计划的原则

由于汽车维修是多工种综合作业,尤其是汽车大修,所以在编制维修生产计划时,要注意各工种(环节)之间的动态平衡,同时遵循以下原则:

(1)严格遵守维修工艺规程,保证维修质量,不得擅自变更或省略规定的工艺程序。

(2)压缩汽车维修在厂车日(或在厂车时),尽量妥善安排平行交叉作业。

(3)充分利用资源(人力和场地设施),提高维修生产效率和效益。

(4)便于生产调度,以应对多种因素(如待料、停电和意外损坏等)影响生产计划的变更。

2. 编制厂和车间维修生产计划

编制维修厂和车间的生产计划,要根据客户(如客运公司、物流企业等)提供的汽车维修计划和市场预测,考虑汽车维修企业的生产能力等因素,经综合平衡后确定。维修生产计划要按照一定的表格形式,有生产指标和作业形式等内容。表5-1为某企业车间月度生产计划表。

由专业人员在一定的时间内制订出相应的符合企业实际的生产计划,经班组长、车间主管、业务经理认真讨论和审议后,报总经理批准后贯彻执行。

编制维修生产计划时,应考虑以下因素:

(1)各种生产形态(订单维修生产与预约维修生产)。

(2)当地过去5年的汽车销售量(保有量)和销售量增长率。

项目五　汽车维修生产管理

车间月度生产计划表　　　　　　　　表 5-1

_____ 月

序号	车辆类别	维修项目	数量	金额（元）	维修车间（工位）	开工日期	完工日期	预计出厂日	备注
1									
2									
3									
4									
…									

(3) 当地未来 3 年的汽车销售量(保有量)和销售量增长率预测。

(4) 本企业去年的维修量和维修项目结构。

(5) 本企业的作业工位数量、场地面积、工具设备和检测仪器的种类和数量。

(6) 车间、班组人员的结构,管理人员和技师、技工的数量以及技能状况。

(7) 员工的工作时间和工作效率,客户送修汽车车况和需要维修作业的时间。

(8) 季节性的维修需求、阶段性活动安排、突发性事件处理等的特殊需求。

3. 编制单车或单台总成维修生产计划

单车或单台总成维修生产计划编制,是根据维修工时定额、工艺过程和作业方法等因素,并结合企业维修生产计划来确定。单车或单台总成维修生产计划可作为车间指导维修生产的技术文件。

四、维修生产调度

1. 维修生产调度的作用

维修生产调度是维修生产计划顺利执行的必要保证,在企业生产活动中具有组织、指挥、控制、协调的职能作用。在执行生产计划时,一个生产环节的变化,会引起一连串的问题(如后续工序待工、友邻工种待料等),因此一个灵活而有经验的生产调度系统是生产计划顺利执行的重要保证。

2. 维修生产调度工作职责

汽车维修企业的生产部门中有调度室和调度员,调度室负责人协助生产管理部门编制维修生产计划,并会同各车间调度员和车间主管共同指挥完成生产计划。如果执行生产计划时出现某些脱节或提前等情况,要及时加以调整,以保证各工种、各环节和各工序之间的平衡,并有预见性地安排急需件的加工、修复或采购,减少停工待料现象。

汽车维修生产调度工作要针对生产特点有效开展。例如,汽车维修企业与客户订有汽车维修的业务合同,调度人员要保证合同履行和维修生产计划按期完成,认真做好汽车进厂维修和竣工出厂记录。

3. 维修生产调度方式

目前,汽车维修企业所采用的生产调度方式通常有以下两种:

(1) 调度人员通过施工单的方式,将维修项目及维修要求下达给车间及班组,由班组根据施工单所列的作业内容与作业要求进行维修,检验员也凭此施工单进行检验。

(2) 维修车间在接到施工单后,将施工单所列作业内容与作业要求集中公示于维修车间修车进度表上,公示当前所有在厂维修车辆的汽车编号、维修类别、施工单号、主要作业项目与附加作业项目、要求完工日期、主修人以及存在的问题等。

课题二　汽车维护技术管理

根据《道路运输车辆技术管理规定》(2016 年 1 月 22 日交通运输部发布　根据 2019 年 6 月 21 日《交通运输部关于修改〈道路运输车辆技术管理规定〉的决定》修正),目前,道路运输车辆技术管理应当坚持分类管理、预防为主、安全高效、节能环保的原则,要求道路运输经营者对道路运输车辆实行择优选配、正确使用、周期维护、视情修理、定期检测和适时更新,保证投入道路运输经营的车辆符合技术要求。随着汽车技术和质量水平的提高,汽车维护的重要性愈显突出。通过有效维护,汽车修理工作量会逐渐减少,维护的工作总量将大于修理量。汽车维修的重点已转移到维护工作上,维护重于修理。

一、汽车维护制度

汽车维护是指汽车经使用一定的行驶里程或时间间隔后,根据汽车维护技术标准,按规定的工艺流程、作业范围、作业项目、技术要求进行的预防性维护作业。

(一)汽车维护的原则和目的

1. 汽车维护的原则

车辆维护应贯彻预防为主、周期维护的原则,即车辆维护必须遵照交通运输管理部门或车辆制造厂规定的行驶里程或间隔时间执行,不得拖延,并在维护作业中遵循车辆维护分级和作业范围的有关规定,保证维护质量。

2. 汽车维护的目的

汽车维护的目的是保持车容整洁和车况良好,及时发现和消除故障隐患,防止车辆早期损坏,降低车辆使用过程中的运行材料消耗和环境污染。

(二)汽车维护分级和周期

1. 汽车维护分级

根据《汽车维护、检测、诊断技术规范》(GB/T 18344—2016)规定,汽车维护分为日常维护、一级维护、二级维护三种级别。维护范围随着行驶里程的增加逐步扩大,内容逐步增多。

2. 汽车维护周期

车主应当依据国家有关标准和车辆维修手册、使用说明书等,结合车辆类别、车辆运行状况、行驶里程、道路条件、使用年限等因素,自行确定车辆维护周期,确保车辆正常维护。对于不便用行驶里程统计、考核的汽车,可用行驶时间间隔确定汽车一级、二级维护周期。其间隔时间(天)应依据本地区汽车使用强度和条件的不同,参照汽车一级、二级维护里程周期,由车主自行决定。道路运输车辆一级、二级维护推荐周期见表5-2。

道路运输车辆一级、二级维护推荐周期　　表5-2

适 用 车 型		维 护 周 期	
		一级维护行驶里程间隔上限值或行驶时间间隔上限值	二级维护行驶里程间隔上限值或行驶时间间隔上限值
客车	小型客车(含乘用车)(车长≤6m)	10000km 或 30 日	40000km 或 120 日
	中型及以上客车(车长>6m)	15000km 或 30 日	50000km 或 120 日

续上表

适用车型		维护周期	
		一级维护行驶里程间隔上限值或行驶时间间隔上限值	二级维护行驶里程间隔上限值或行驶时间间隔上限值
货车	轻型货车（最大设计总质量≤3500kg）	10000km 或 30 日	40000km 或 120 日
	轻型以上货车（最大设计总质量＞3500kg）	15000km 或 30 日	50000km 或 120 日
挂车		15000km 或 30 日	50000km 或 120 日

注：1. 对于以山区、沙漠、炎热、寒冷等特殊运行环境为主的道路运输车辆，可适当缩短维护周期。

2. 由于引进车型的维护规定与国产汽车维护规定的内容有所不同，为保证汽车的合理使用，在汽车实际维护工作中应以厂家规定为准。

(三) 汽车维护主要内容

汽车维护的主要工作内容有清洁、检查、补给、润滑、紧固和调整等。

(1) 清洁。清洁燃油滤清器、机油滤清器、空气滤清器芯，清洁和养护汽车外表、总成或零部件外表等。

(2) 检查。检查汽车各部件工作情况及其连接。

(3) 补给。补充汽车燃油、润滑油及特殊工作液，并实施蓄电池充电及轮胎补气等。

(4) 润滑。更换或添加发动机及传动系统润滑油，添加行驶系统各润滑点润滑油脂等。

(5) 紧固。紧固容易松动的各部件连接螺栓。

(6) 调整。调整汽车各部件配合间隙，恢复其工作性能等。

二、汽车维护生产工艺

(一) 汽车日常维护

汽车日常维护是指驾驶员在每日出车前、行车中、收车后所实施的例行性维护作业,也称为例行维护、行车三检制等。其中心作业内容以清洁、补给和安全检视为主。按《汽车维护、检测、诊断技术规范》(GB/T 18344—2016)规定,日常维护作业项目见表5-3。

日常维护作业项目　　　　表5-3

序号	维护时段	作业项目	作业内容
1	出车前或收车后	车身外观及附属设施	检查、清洁车身
2	出车前		检查后视镜,调整后视镜角度
3	出车前或收车后		检查灭火器、客车安全锤
4	出车前或收车后		检查安全带
5	出车前		检查风窗玻璃刮水器
6	出车前	发动机	检查发动机润滑油、冷却液液面高度,视情补给
7	出车前	制动装置	制动系统自检
8	出车前		检查制动液液面高度,视情补给
9	出车前		检查行车制动、驻车制动
10	出车前、行驶中	车轮及轮胎	检查轮胎外观、气压
11	出车前、行驶中		检查车轮螺栓、螺母
12	出车前	照明、信号、指示装置及仪表	检查前照灯
13	出车前		检查信号指示装置
14	出车前、行驶中		检查表仪

注:所有作业项目要符合车辆维修资料等有关技术文件的规定。

(二)汽车一级维护

汽车一级维护是除了完成汽车日常维护所规定的作业项目外,以润滑、紧固为作业中心内容,并检查有关制动、操纵等系统中的安全部件的维护作业。

由道路运输经营者自行组织实施,或者委托二类以上汽车维修企业的技工实施(并做好记录)。作业重点是检查车辆行车安全部件及驾驶操作机构的工况及连接,以便及时发现故障隐患,排除汽车运行故障。按《汽车维护、检测、诊断技术规范》(GB/T 18344—2016)规定,一级维护作业项目见表5-4。

一级维护作业项目 表5-4

序号	作业项目		作业内容
1	发动机	空气滤清器、机油滤清器和燃油滤清器	清洁或更换
2		发动机润滑油及冷却液	检查油(液)面高度,视情更换
3	转向系	部件连接	检查、校紧万向节、横直拉杆、球头销和转向节等部位连接螺栓、螺母
4		转向器润滑油及转向助力油	检查油面高度,视情更换
5	制动系	制动管路、制动阀及接头	检查制动管路、制动阀及接头,校紧接头
6		缓速器	检查、校紧缓速器连接螺栓、螺母,检查定子与转子间隙,清洁缓速器
7		储气筒	检查储气筒
8		制动液	检查液面高度,视情更换
9	传动系	各连接部位	检查、校紧变速器、传动轴、驱动桥壳、传动轴支撑等部位连接螺栓、螺母
10		变速器、主减速器和差速器	清洁通气孔
11	车轮	车轮及半轴的螺栓、螺母	校紧车轮及半轴的螺栓、螺母
12		轮辋及压条挡圈	检查轮辋及压条挡圈
13	其他	蓄电池	检查蓄电池

续上表

序号	作业项目		作业内容
14	其他	防护装置	检查侧防护装置及后防护装置,校紧螺栓、螺母
15		全车润滑	检查、润滑各润滑点
16		整车密封	检查泄漏情况

(三) 汽车二级维护

汽车二级维护是在汽车一级维护的基础上,以检查、调整制动系、转向操纵系、悬架等安全部件,并拆检轮胎,进行轮胎换位,检查调整发动机工作状况和汽车排放相关系统等为主的维护作业。由道路运输经营者自行组织实施,也可委托二类以上的汽车维修企业技工实施(并做好记录,并由汽车维修企业向委托方出具《二级维护竣工出厂合格证》)。二级维护作业还应进行必要的附加修理,从而使汽车各主要机构都维持良好的技术状况,达到汽车所规定的安全性、动力性和经济性要求。

1. 二级维护作业基本要求

(1) 汽车二级维护作业流程,如图 5-1 所示。

(2) 二级维护作业项目包括基本作业项目和附加作业项目,二级维护作业时一并进行。

(3) 二级维护前应进行进厂检测,依据进厂检测结果进行故障诊断并确定附加作业项目,二级维护作业过程中发现的维修项目也应作为附加作业项目。

(4) 二级维护过程中应进行过程检验。

(5) 二级维护作业完成后应进行竣工检验,竣工检验合格的车辆,由维护企业签发维护竣工出厂合格证。

(6) 二级维护检测使用的仪器设备应符合相关国家标准和行业标准的规定,计量器具及设备应计量检定或校准合格并在有效期内。

2. 二级维护进厂检测及附加作业项目确定

二级维护进厂检测包括规定的检测项目以及根据驾驶员反映的车辆技术状况确定的检测项目,检测项目的技术要求应符合国家有关的技术标准和车辆维修资料等相关规定。进厂检测时应记录检测数据或结果,并据此进行车辆故障诊断。二级维护规定的进厂检测项目见表5-5。

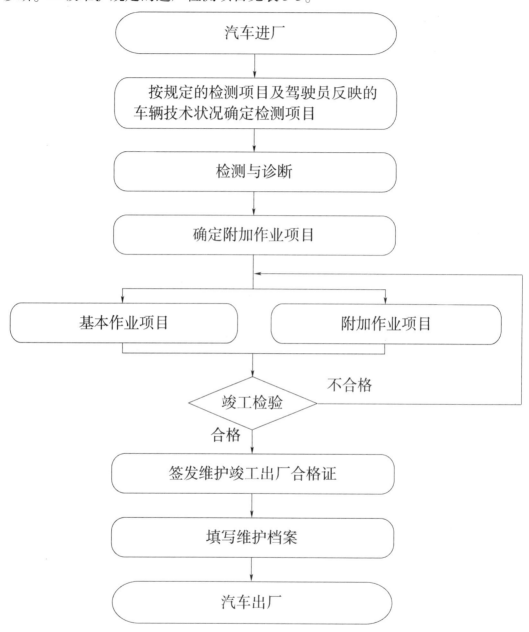

图5-1 汽车二级维护作业流程图

二级维护规定的进厂检测项目 表5-5

序号	检测项目	检测内容	技术要求
1	故障诊断	车载诊断系统(OBD)的故障信息	装有车载诊断系统(OBD)的车辆,不应有故障信息

续上表

序号	检测项目	检测内容	技术要求
2	行车制动性能	检查行车制动性能	采用台架检验或路试检验,应符合《机动车运行安全技术条件》(GB 7258)相关规定
3	排放	排气污染物	汽油车采用双怠速法,应符合《汽油车污染物排放限值及测量方法(双怠速法及简易工况法)》(GB 18285)相关规定。柴油车采用自由加速法,应符合《柴油车污染物排放限值及测量方法(自由加速法及加载减速法)》(GB 3847)相关规定

依据检测结果,维修人员与检测人员结合客户的反映和技术档案,对汽车进行综合分析、技术评定,作为编制维修计划、确定本次二级维护附加作业项目的依据。汽车二级维护附加作业项目,是通过维护前不解体检测手段,依据检测结果及汽车实际技术状况,从而确定以消除汽车故障为目的的作业项目和作业内容,附加作业项目确定后与基本作业项目一并进行二级维护作业。

3. 二级维护基本作业项目

二级维护基本作业项目所应达到的技术标准,是维护作业的质量要求。《汽车维护、检测、诊断技术规范》(GB/T 18344—2016)的作业项目中凡涉及有检查、调整数据要求的,也包括一些部件工作状态检查的内容,都以"符合出厂规定"或"符合规定"作为标准,也就是说二级维护基本作业项目在具体执行过程中,应紧密结合具体车型数据,才能有效保证维护质量。二级维护作业项目见表5-6。

二级维护作业项目　　　　　　　　　　　　　表5-6

序号	作业项目		作业内容
1	发动机	发动机工作状况	检查发动机起动性能和柴油发动机停机装置
			检查发动机运转情况
2		发动机排放机外净化装置	检查发动机排放机外净化装置

续上表

序号	作业项目		作业内容
3	发动机	燃油蒸发控制装置	检查外观,检查装置是否畅通,视情更换
4		曲轴箱通风装置	检查外观,检查装置是否畅通,视情更换
5		增压器、中冷器	检查、清洁中冷器和增压器
6		发电机、起动机	检查、清洁发电机和起动机
7		发动机传动带(链)	检查空压机、水泵、发电机、空调机组和正时传动带(链)磨损及老化程度,视情调整传动带(链)松紧度
8		冷却装置	检查散热器、水箱及管路密封
			检查水泵和节温器工作状况
9		火花塞、高压线	检查火花塞间隙、积炭和烧蚀情况,按规定里程或时间更换火花塞
			检查高压线外观及连接情况,按规定里程或时间更换高压线
10		进、排气歧管,消声器,排气管	检查进、排气歧管,消声器,排气管
11		发动机总成	清洁发动机外部,检查隔热层
			检查、校紧连接螺栓、螺母
12	制动系	储气筒、干燥器	检查、紧固储气筒,检查干燥器功能,按规定里程或时间更换干燥剂
13		制动踏板	检查、调整制动踏板自由行程

续上表

序号	作业项目		作业内容
14	制动系	驻车制动	检查驻车制动性能,调整操纵机构
15		防抱死制动装置	检查连接线路,清洁轮速传感器
16		鼓式制动器	检查制动间隙调整装置
			拆卸制动鼓、轮毂、制动蹄,清洁轴承位、轴承、支承销和制动底板等零件
			检查制动底板、制动凸轮轴
			检查轮毂内外轴承
			检查制动摩擦片、制动蹄及支承销
			检查制动蹄复位弹簧
			检查轮毂、制动鼓
			装复制动鼓、轮毂、制动蹄,调整轴承松紧度、调整制动间隙
17		盘式制动器	检查制动摩擦片和制动盘磨损量
			检查制动摩擦片与制动盘间的间隙
			检查密封件
			检查制动钳
18	转向系	转向器和转向传动机构	检查转向器和转向传动机构
			检查部件技术状况

续上表

序号	作业项目		作业内容
19	转向系	转向盘最大自由转动量	检查、调整转向盘最大自由转动量
20	行驶系	车轮及轮胎	检查轮胎规格型号
			检查轮胎外观
			轮胎换位
			检查、调整车轮前束
21		悬架	检查悬架弹性元件,校紧连接螺栓、螺母
			减振器
22		车桥	检查车桥、车桥与悬架之间的拉杆和导杆
23	传动系	离合器	检查离合器工作状况
			检查、调整离合器踏板自由行程
24		变速器、主减速器、差速器	检查、调整变速器
			检查变速器、主减速器、差速器润滑油液面高度,视情更换
25		传动轴	检查防尘罩
			检查传动轴及万向节
			检查传动轴承及支架
26	灯光导线	前照灯	检查远光灯发光强度,检查、调整前照灯光束照射位置
27		线束及导线	检查发动机舱及其他可视的线束及导线

续上表

序号	作业项目		作业内容
28	车架车身	车架和车身	检查车架和车身
			检查车门、车窗启闭和锁止
29		支撑装置	检查、润滑支撑装置,校紧连接螺栓、螺母
30		牵引车与挂车连接装置	检查牵引销及其连接装置
			检查、润滑牵引座及牵引销锁止、释放机构,校紧连接螺栓、螺母
			检查转盘与转盘架
			检查牵引钩

4. 二级维护过程检验

二级维护过程中应始终贯穿过程检验,并记录二级维护作业过程或检验结果,维护项目的技术要求应符合技术标准和车辆维修资料等相关技术文件规定。

5. 二级维护竣工检验

二级维护竣工检验,是汽车维修企业对承修汽车在二级维护过程中作业项目维护质量的一次综合检验,是控制汽车维修质量,杜绝不合格汽车出厂的一个重要环节。汽车二级维护竣工检验应由专职检验员和专业检测线来完成。二级维护竣工检验项目,见表5-7。根据检验结果按要求填写二级维护竣工检验记录单,见表5-8。

二级维护竣工检验项目　　　　　　　　　表5-7

序号	检验部位	检验项目	检验办法	序号	检验部位	检验项目	检验办法
1	整车	清洁	检视	5	整车	故障诊断	检测
2		紧固	检查	6		附属设施	检视
3		润滑	检视	7	发动机及其附件	发动机工作状况	路试或检视
4		密封	检视	8		发动机装备	检视

续上表

序号	检验部位	检验项目	检验办法	序号	检验部位	检验项目	检验办法
9	制动系统	行车制动性能	路试或检测	17	行驶系统	车桥	检视
10		驻车制动性能	路试或检测	18	传动系统	离合器	路试
11	转向系统	转向机构	检视	19		变速器、传动轴、主减速器	路试
12		转向盘最大自由转动量	检测	20	牵引连接装置	牵引连接装置和锁止机构	检查
13	行驶系统	轮胎	检查、检测	21	照明、信号指示装置和仪表	前照灯	检视、检测
14		转向轮横向侧滑量	检测	22		信号指示装置	检视
15		悬架	检查	23		仪表	检视
16		减振器	检查	24	排放	排气污染物	检测

(1) 人工检查。

二级维护竣工人工检查,是二级维护竣工检验中不可缺少的重要部分,是用检测仪器和设备对汽车的维修质量和性能进行定量检测的补充。人工检查大部分是定性检视,但对某些有定量要求的项目也应借助工、量具进行必要的测量。根据人工检查和测量的结果,对照国家、行业或地方的有关标准限值,可以得出正确的人工检查结论。

① 整车及外观检查,主要内容有:清洁、面漆、车体周正、紧固、润滑、密封及电路、前照灯、信号灯、仪表灯、刮水器、后视镜等装置。

② 转向系检查,主要内容有:转向器、转向节、转向节臂、转向摇臂、横拉杆、直拉杆及球头球销、转向助力装置、转向盘自由转动量等,要求转向机构操纵轻便、转向灵活、无摆振、路感不灵或其他异常现象,车轮转到极限位置时,不得与其他部件有摩擦现象。

二级维护竣工应填写二级维护竣工检验记录单

表5-8

托修方			车牌号		车型	
	项目	评价	项目	评价	项目	评价
外观状况	清洁		发动机装备		离合器	
	紧固		转向机构		变速器、传动轴、主减速器	
	润滑		轮胎		牵引连接装置和锁止机构	
	密封		悬架		前照灯	
	附属设施		减振器		信号指示装置	
			车桥		仪表	

故障诊断	发动机工作状况		评价：	
	车载诊断系统（OBD）故障信息	□无 □有 故障信息描述：		
	转向盘最大自由转动量（°）		转向轮横向侧滑量（m/km）	第一转向轴： 评价：
				第二转向轴： 评价：

性能检测	制动性能	车轴	一轴	二轴	三轴	四轴	五轴	六轴
		台架 轴制动率（%）	结果					
			评价					

续上表

性能检测		车轴	一轴	二轴	三轴	四轴	五轴	六轴
制动性能	台架	制动不平衡率(%) 结果						
		制动不平衡率(%) 评价						
		整车参数 项目	整车制动率(%)				驻车制动率(%)	
		整车参数 结果						
		整车参数 评价						
	路试	初速度(km/h) 参数	制动距离(m)		MFDD(m/s²)		制动稳定性	
		初速度(km/h) 结果						
		— 评价						
前照灯性能		灯高(mm)	远光光强结果(cd)	远光光强(cd) 评价	远光偏移(mm/10m) 垂直	水平	评价	远光偏移(mm/10m) 垂直	水平	评价
	左 外									
	左 内									
	右 外									
	右 内									

续上表

性能检测					
排气污染物	汽油车	急速	CO(%)：	HC($\times 10^{-6}$)：	评价：
		高急速	CO(%)：	HC($\times 10^{-6}$)：	评价：
	柴油车	自由加速	光吸收系数(m^{-1})：① ② ③	平均(m^{-1})：	评价：
			烟度值(BSU)：① ② ③	平均(BSU)：	评价：

检验结论：

检验员签字：　　　　　年　月　日

注：1. 检验数据在"结果"栏填写，合格在"评价"栏画"○"，不合格在"评价"栏画"×"，无此项目填"—"。
2. 制动性能检验选择"台架"或"路试"。路试制动性能采用"制动距离"或"充分发出的平均减速度 MFDD"评价。

③行驶系人工检查,主要内容有:车轮和轮胎、悬架、车架、车桥等。

(2)道路试验。

二级维护竣工人工检查,仅仅是对竣工汽车进行的静态检查。汽车发动机的运转情况、离合器、变速器、减速器、转向系、制动性能及整车滑行性能的好坏,还必须经过汽车道路试验后,才可确认。

①道路试验发动机工作状况,主要检测发动机起动性能、怠速和加速性能、发动机异响等。

②道路试验传动系工作状况,主要检测离合器、变速器、传动轴、主减速器和差速器等。

③道路试验转向系工作状况,主要检测转向灵活性、转向操纵轻便性和转向稳定性等。

④道路试验制动性能,主要检测汽车制动时的制动距离、制动减速度、制动稳定性和制动协调时间。在汽车二级维护竣工检验中,一般只检验制动踏板的自由行程、路试制动距离(拖印)、制动稳定性和驻车制动性能等。

⑤道路试验滑行性能,主要检测汽车滑行距离和滑行阻力等。

课题三 汽车检测与诊断

汽车检测诊断是指在不解体情况下,判明汽车或总成的技术状况、查明故障部位及原因的技术,由检查、测试、分析、判断等一系列活动组成。可在一定程度上量化确定汽车技术状况,为汽车运行安全、保护环境和维修质量提供依据。

对汽车实行定期或不定期检测,认真做好汽车的维护和修理,对于保持汽车技术状况良好,降低故障率,延长使用寿命,减少维修费用,保证行车安全,提高经济效益、社会效益、保护环境都有着十分重要的作用。因而,推广汽车检测诊断技术,是检查、鉴定汽车技术状况,监督汽车正确使用和维修质量的重要手段,是促进维修技术发展和实现视情修理的重要保证,是推进汽车维修企业现代化管理的一项重要措施。

一、汽车检测分类

1. 安全性检测

安全检测以涉及汽车安全与环保的项目为主要检测内容,其目的是确定汽车性能是否满足有关汽车运行安全和公害等法规的规定,是对全社会民用汽车的安全性检查。

2. 综合性能检测

综合性能检测指对汽车的安全性、动力性、经济性、可靠性、噪声和废气排放状况等进行的全面检测。其目的是对在用运输汽车的技术状况进行检测诊断,对维修汽车进行质量检测,以确保运输汽车安全运行,提高运输效率和降低运行消耗。

3. 维修检测

维修检测以汽车性能检测和故障诊断为主要内容,目的是对汽车维修前进行技术状况检测和故障诊断,据此确定附加作业和小修项目以及是否需要大修,同时对维修后的质量进行检测。

4. 特殊检测

特殊检测是指为了不同的目的和要求对在用汽车进行的检测,由于检测的内容和重点与上述各类检测有所不同,故称为特殊检测。主要包括:改装或改造汽车的检测、事故汽车的检测,接受公安、商检、计量、保险等部门的委托,进行有关项目的检测。

二、汽车检测内容

汽车检测内容主要包括:汽车的安全性(制动、侧滑、转向、前照灯等),可靠性(异响、磨损、变形、裂纹等),动力性(车速、加速性能、底盘输出功率、发动机功率、转矩和供给系统、点火系统状况等),经济性(燃油消耗)及噪声和废气排放状况等。

汽车整车检测项目,见表5-9。

汽车整车检测项目　　　　　　　　　　　表5-9

序号	检 测 项 目
1	动力性:最高车速、加速性能、爬坡能力、驱动轮输出功率
2	燃油经济性:完成单位里程的燃油消耗量(L/100km)
3	制动性能:制动距离、制动减速度、制动力、制动协调时间
4	侧滑:转向轮横向侧滑量
5	悬架性能

续上表

序号	检 测 项 目
6	排气污染物:汽油车检测 CO、HC、NO_x 和 CO_2;柴油车主要检测烟度
7	噪声:客车车内噪声、驾驶员耳旁噪声、喇叭声级
8	前照灯:光速照射位置、发光强度
9	车速表:车速表指示误差
10	汽车密封性:防尘密封性、防雨密封性

三、汽车检测诊断程序

汽车检测诊断包括客户陈述、路试检测、工况模拟诊断和综合判断等程序。

1. 客户陈述

仔细倾听客户的陈述,尽可能多地掌握第一手信息,并把客户陈述中的各种故障现象一一记录下来。

2. 路试检测

根据需要进行汽车路试检测与诊断,在保证安全的情况下,尽量对客户所反映故障现象的相关部件和部位逐一进行检测。

3. 工况模拟诊断

在诊断中尽可能地去模拟客户反映的工况,观察故障现象,再作出合理的判断与分析。

4. 综合判断

对汽车进行检测诊断的目的是找出故障原因。一般情况下,以经验为主的直观判别方法可以找出一些故障现象明显的机械类故障原因,而对故障现象不很明显的则需要用仪器仪表和专用设备进行诊断,必要时还可以利用汽车性能检测线对汽车技术状况进行检测和对故障现象进行诊断。

四、汽车诊断方法

1. 人工经验诊断

人工经验诊断是指采用传统的、简单的诊断工具与方法,主要是依靠检测人员的感觉与检测诊断人员的经验对汽车故障进行判断、确定的一种方法。

随着汽车高新技术的发展和应用，电子化程度的不断提高，汽车维修的内涵和方式，汽车的检测诊断技术也发生着深刻的变化，人工经验诊断已远远不能满足现代汽车检修作业的需要，只能作为汽车故障诊断的一种辅助方法。

2. 仪器诊断

以仪器仪表检测诊断为主，在不解体条件下，确定汽车的技术状况和工作能力，查明故障部位和原因，以数据流的方式全面真实地反映汽车各部分（尤其是现代汽车的电控部分）细微变化的检测与诊断方式。

3. 自诊断

由微电脑控制的汽车大多具有故障自诊断功能。可以通过解码仪或故障灯，提取电控单元内所存储的故障代码，从而确定故障部位和原因，并进行故障诊断。由于自诊断系统为电控汽车本身自带，因而对汽车的故障诊断更加快捷有效。但只限于自诊断具有传感器的电控系统故障，因而也只能作为一种辅助诊断方法。

五、汽车检测诊断参数

诊断参数，是表征汽车、汽车总成及机构技术状况的量。在检测诊断汽车技术状况时，需要采用一种与结构参数有关而又能表征技术状况的间接指标，该间接指标称为诊断参数。诊断参数既与结构参数紧密相关，又能够反映汽车的技术状况，是一些可测的物理量和化学量。

1. 汽车检测诊断参数分类

汽车诊断参数包括工作过程参数、伴随过程参数和几何尺寸参数。

（1）工作过程参数。

该参数是汽车、总成或机构工作过程中输出的一些可供测量的物理量和化学量，如发动机功率、汽车燃料消耗量、制动距离或制动力。汽车不工作时，无法测量该参数。

（2）伴随过程参数。

该参数是伴随工作过程输出的一些可测量，如振动、噪声、异响、温度等。这些参数可提供诊断对象的局部信息，常用于复杂系统的深入诊断。汽车不工作时，无法测量该参数。

（3）几何尺寸参数。

该参数可提供总成或机构中配合零件之间或独立零件的技术状况，如配合间隙、自由行程、圆度、圆柱度、端面圆跳动、径向圆跳动等。这些参数虽提供的信息量有限,但却能表征诊断对象的具体状态。

现代汽车维修过程中技术资料的应用,主要表现为维修诊断工艺和技术参数的详细查阅,技术资料的形式有生产厂家的维修手册或资料光盘等。

汽车常用检测诊断参数,见表5-10。

汽车常用检测诊断参数　　　　　表5-10

诊断对象	诊断参数	诊断对象	诊断参数
汽车整体	最高车速	柴油机供油系统	输油泵输油压力
	加速时间		喷油泵高压油管最高压力
	最大爬坡度		喷油泵高压油管残余压力
	驱动车轮输出功率		喷油器针阀开启压力
	驱动车轮驱动力		喷油器针阀关闭压力
	汽车燃料消耗量		喷油器针阀升程
	汽车侧倾稳定角		各缸喷油器喷油量
	CO排放量		各缸喷器喷油不均匀度
	HC排放量		供油提前角
	NO_x排放量		喷油提前角
	CO_2排放量	发动机总成	额定转速
	O_2排放量		怠速转速
	柴油车自由加速烟度		发动机功率
汽油机供给系统	空燃比		发动机燃料消耗量
	汽油泵出口关闭压力		单缸断火(油)转速下降值
	供油系供油压力		排气温度
	喷油器喷油压力	曲柄连杆机构	汽缸压力
	喷油器喷油量		汽缸漏气量
	喷油器喷油不均匀度		汽缸漏气率

续上表

诊断对象	诊断参数	诊断对象	诊断参数
曲柄连杆机构	曲轴箱漏气量	传动系统	机械传动效率
	进气管真空度		总成工作温度
配气机构	气门间隙	转向系统	车轮侧滑量
	配气相位		车轮前束值
行驶系统	车轮静不平衡量		车轮外倾角
	车轮动不平衡量		主销后倾角
	车轮端面圆跳动量		主销内倾角
	车轮径向圆跳动量		转向轮最大转向角
	轮胎胎面花纹深度		最小转弯直径
冷却系统	冷却液温度		转向盘自由转动量
	冷却液液面高度		转向盘最大转向力
	风扇传动带张力	制动系统	制动距离
	风扇离合器温度		制动减速度
润滑系统	润滑油压力		制动力
	油底壳油面高度		制动拖滞力
	润滑油温度		驻车制动力
	润滑油消耗量		制动时间
	理化性能指标变化量		制动协调时间
	清净性系数 K 的变化量		制动完全释放时间
	介电常数的变化量	点火系统	断电器触点间隙
	金属微粒含量		断电器触点闭合角
传动系统	传动系统游动角度		点火波形重叠角
	传动系统功率损失		点火提前角

续上表

诊断对象	诊 断 参 数	诊断对象	诊 断 参 数
点火系统	火花塞间隙	其他	前照灯光束照射位置
	各缸点火电压值		车速表误差值
	各缸点火电压短路值		喇叭声级
	点火系最高电压值		客车车内噪声
	火花塞加速特性值		驾驶员耳旁噪声
其他	前照灯发光强度		

2. 汽车检测诊断参数标准

汽车检测诊断参数标准分为国家标准、行业标准、地方标准和企业标准四类。

(1) 国家标准。

国家标准一般由某行业部委提出,由国家质量监督检验检疫部门发布,具有强制性和权威性。

(2) 行业标准。

该标准也称为部委标准,是部委制定并发布的标准,在部委系统内或行业系统内贯彻执行,一般冠以中华人民共和国某某行业标准。

(3) 地方标准。

该标准是省级、市地级、县级制定并发布的标准,在地方范围内贯彻执行,也在一定范围内具有强制性和权威性。地方标准中的限值可能比上级标准中的限值要求更严格。

(4) 企业标准。

该标准包括汽车制造厂推荐的标准、汽车运输企业和汽车维修企业内部制定的标准、检测仪器设备制造厂推荐的参考性标准三种类型。

六、汽车检测诊断设备

随着科学技术的进步,汽车检测诊断技术也飞速发展,传统的检测方法已不能满足现代汽车检测需要。其他领域新技术的发展渗透也促进了汽车检测设备与手段的发展更新。目前人们已能依靠各种先进仪器设备,对汽车进行综合检测诊断,而且具有自动控制检测过程,自动采集检测数据等功能,使检测诊断过程更安全、更快捷、更准确。使用现代仪器设备诊断技术是汽车检测与诊断技术发展的必然趋势。

企业可根据经营的规模大小、主要维修汽车的技术复杂程度、企业员工的专业水平等因素,进行合理配置汽车检测诊断设备。汽车维修企业需要配备的检测诊断设备种类和功能主要有以下几种。

1. 发动机检测诊断设备

(1) 发动机密封性检测设备。

①汽缸压力表。汽缸压力表用于检测汽缸压缩压力,根据测试结果可以判断汽缸垫、汽缸体与缸盖之间的密封状况、活塞环与缸壁配合状况,以及燃烧室内积炭是否过多等与汽缸有关的技术状况。

②真空表。真空表用于检测汽油发动机进气歧管的真空度,通过测量进气歧管真空度及其变化状况,可以诊断汽缸密封性、进气管的泄漏、配气机构密封性、排气消声器阻塞及气门机构失调、混合气的稀或浓、点火时间和点火性能等诸多方面的故障。

③汽缸漏气量检测仪。汽缸漏气量检测仪用于测量活塞处于压缩行程上止点位置时,汽缸内压缩空气的压力变化值,从而判断汽车发动机的汽缸和进、排气门的密封状况。在测量汽缸漏气量的同时,进行人工察听辅助诊断,可对汽缸、汽缸垫和进、排气门的密封状况进行深入准确的诊断。

④曲轴箱窜气量检测仪。曲轴箱窜气量检测仪用于测量发动机曲轴箱窜气量,从而检验发动机的动态密封性,判断发动机汽缸、活塞和活塞环的技术状况,监测发动机磨合质量。

(2) 点火正时灯(枪)。

点火正时一般用点火提前角(曲轴转角或凸轮轴转角)表示。点火正时灯(枪)可检测汽油机点火提前角,有的还能测试转速、点火导通(闭合)角和电压参量。

(3) 发动机废气分析仪。

发动机废气分析仪主要用于测量汽车发动机排气中的多种气体含量。这类仪器还可用于检查空燃比,检测催化转换器性能,检查燃油反馈系统,进、排气管泄漏等故障,帮助分析并排除发动机控制系统的故障,以及确保车辆污染排放指标的正常。根据检测气体种类的不同,发动机废气分析仪分为二气体、四气体和五气体分析仪。

(4) 柴油机烟度计。

柴油机烟度计用于检测柴油车的排气烟度,以便帮助分析柴油机的工作状况。烟度计可分为滤纸式烟度计、透光式烟度计和重量式烟度计等多种。我国使用滤纸式烟度计和透光式烟度计。

(5) 发动机综合性能检测仪。

发动机综合性能检测仪也称为发动机综合性能分析仪,是发动机检测诊断仪器中,检测项目最多、功能最全、涉及面最广的一种仪器。它不仅能检测、分析、判断发动机动静态的工作性能和技术状况,有些还增加了对制动防抱死系统和安全气囊装置等的检测诊断。

2. 底盘检测设备

(1) 底盘测功机。

底盘测功机一般用于检测各类汽车的底盘输出功率、驱动力、车速、加速性能、滑行性能,以及车速表和里程表的准确性。若配以燃油流量计可检测油耗,配以排放分析仪可检测排放污染物成分含量,可综合评定汽车的动力性能、经济性,以及环保指标;配以曲轴箱窜气量检测仪和离合器频闪仪可进行发动机磨损检测和离合器打滑检测。现在的底盘测功机多采用电涡流测功器作为功率吸收装置,并用微机作为控制中心。

(2) 四轮定位仪。

四轮定位仪用于测量车轮的各项定位参数,判断车轮定位的准确性,同时还可检验出车轮定位部件的故障。现用四轮定位仪一般存储大量流行车型的车轮定位参数的标准值和车轮定位调整方法指导,车轮定位技术状态判断方便,调整操作容易。

(3) 制动试验台。

制动试验台一般用于各种类型车辆的制动性能检测。测量参数包括所有车轮的制动力、制动力差、制动协调时间等。制动试验台有滚筒式和平板式两种。

(4) 侧滑试验台。

侧滑试验台用于检测汽车前轮的侧滑量,以判断车轮定位中车轮前束和车轮外倾的配合是否恰当。侧滑试验台有单板式和双板式两种,其中双板式应用较为普遍。

3. 汽车电控系统检测设备

(1) 汽车专用万用表。

汽车专用万用表可以检测电压、电阻、电流、转速、闭合角、频宽比(占空比)、频率、压力、时间、电容、电感、温度、半导体元件等。

(2)汽车示波器。

汽车示波器可测试发动机传感器、执行器、电路和点火系,并能进行故障诊断,同时具有汽车万用表功能,可测试电压、电阻、闭合角、周期、正负峰值、峰值电压、喷油脉冲、喷油时间、点火电压和燃烧时间等。有的示波器内部还置有汽车数据库和标准波形,使故障判断更为方便。

(3)通用解码仪。

解码器是在读码器的基础上发展起来的检测仪器,它除了具有读码、清码功能外,还具有显示诊断代码内容的功能,即解码功能。有的具有示波器功能、万用表功能或打印功能。可与计算机相连,进行资料的更新与升级。

通用解码仪备有常见车系的软件,并配有各种专用检测接口电缆。使用时,只需将被测汽车的型号输入解码仪,就能从软件中调出相应的检测程序。按照解码仪屏幕上的提示,将相应的故障检测接口电缆一端的插头和汽车上的检测插座连接,就可以根据汽车微机自诊断电路的功能范围和检修要求,选择电喷发动机、电控自动变速器、制动防抱死装置等各控制系统,进行读取故障代码,查阅故障码内容,测试执行器工作情况,清除微机内存储故障代码等检测工作。

(4)专用解码仪。

专用解码仪是为各汽车厂家生产的专用检测设备。它除了具备读码、解码、数据扫描等功能外,还具有传感器输入信号和执行器输出信号的参数修正、计算机控制系统参数调整,以及系统匹配和标定、防盗密码设定等专业功能。

课题四 汽车维修质量检验

汽车维修质量检验是指采用一定的检测手段和检查方法,测定汽车维修过程和维修后的质量特性,然后将测定结果与规定的汽车维修质量评定参数标准相比较,从而对汽车维修质量作出合格或不合格的判断过程。

汽车维修质量检验的目的是对汽车维修过程实行全面质量控制,判断汽车维修后是否符合汽车维修质量标准。汽车维修质量检验是监督、检查汽车维修质量的重要手段,是汽车维修企业在整个汽车维修过程中必不可少的环节。

一、汽车维修质量检验的方法

汽车维修质量检验的方法分为两类:

(1)传统的经验检验法,此类方法凭人的感官检查、判断,带有较大的盲目性。

(2)通过各种量具、仪器、设备进行参数测试的方法,此类方法通过仪器、仪表可定性或定量测试和分析,能准确评价和掌握汽车技术状况。

二、汽车维修质量检验的标准

汽车维修质量检验要按照国家和行业标准要求进行,维修质量检验结果要满足标准要求,保证维修质量。汽车维修技术标准是衡量维修技术质量的尺度,是汽车维修企业进行生产、技术、质量管理的工作依据,具有法律效应。我国的汽车维修技术标准主要有:

(1)《汽车大修竣工出厂技术条件　第一部分:载客汽车》(GB/T 3798.1—2005)。

(2)《汽车大修竣工出厂技术条件　第一部分:载货汽车》(GB/T 3798.2—2005)。

(3)《商用汽车发动机大修竣工出厂技术条件　第一部分:汽油发动机》(GB/T 3799.1—2005)。

(4)《商用汽车发动机大修竣工出厂技术条件　第一部分:柴油发动机》(GB/T 3799.2—2005)。

(5)《机动车运行安全技术条件》(GB 7258—2017)。

(6)《柴油车污染物排放限值及测量方法(自由加速法及加载减速法)》(GB 3847—2018)。

(7)《汽油车污染物排放限值及测量方法(双怠速法及简易工况法)》(GB 18285—2018)。

(8)《汽车修理质量检查评定办法》(GB/T 15746—2011)。

(9)《汽车维护、检测、诊断技术规范》(GB/T 18344—2016)。

(10)《道路运输车辆综合性能要求和检测方法》(GB 18565—2016)。

三、汽车维修质量检验的步骤

(1)明确要求。根据汽车维修技术标准和考核汽车技术状况的指标,明确检验的项目和各项质量标准。

(2)测试。用一定的方法和手段测试维修汽车或总成的有关技术性能参数,得到质量特性值。

(3)比较。将测试得到的反映质量特性值的数据同质量标准做比较,确定是否符合汽车维修质量要求。

(4)判定。根据比较的结果判定汽车或总成维修质量是否合格。

四、汽车维修质量检验工作的基本要求

(1)质量检验工作应贯穿于整个汽车维修的全过程中,每次检验都必须以汽车维修技术标准为依据。

(2)质量检验要制度化和规范化。汽车维修检验有规范、验收有标准,检验岗位职责明确;对检验员有考核办法。

(3)质量检验时要正确、清晰、规范填写检验记录。检验记录要及时整理并归档,不得随意涂改,不得弄虚作假。

(4)质量检验要推行仪器、设备化,汽车维修企业要配备必要的检测诊断设备和仪器仪表等。

五、汽车维修质量检验分类及内容

汽车维修质量检验是贯穿于整个汽车维修过程的一项重要工作,按照其工艺流程可分为汽车进厂检验、维修过程检验和维修竣工检验。

1. 汽车进厂检验

进厂检验是对送修汽车进行外部检视和交接的检验,必要时进行简单的测量和路试以验证报修项目的准确性。进厂检验可由业务接待员在专职检验员配合下进行。

进厂检验的主要内容:

(1)车辆外观检视。
(2)车辆装备情况检查。
(3)车辆技术状况检查,听取驾驶员或车主的情况反映。
(4)填写车辆进厂检验记录单。
(5)查阅车辆技术档案和上次维修技术资料。
(6)判断车辆技术状况,确定维修方案。
(7)签订维修合同,办理交接手续。

在现行的汽车维护制度中,要求汽车二级维护前应进行汽车技术性能的检测诊断,为确定附加作业项目提供分析依据;汽车整车或总成送修前检验,即送修技术鉴定,根据鉴定结果有针对性地安排维修,以免超前维修或失修。汽车二级维护进厂检验单,见表5-11;汽车整车修理进厂检验单,见表5-12;发动机修理

进厂检验单(汽油发动机),见表5-13。

汽车二级维护进厂检验单　　　　表5-11

托修方：　　　　　　　　进厂日期：　　　年　　月　　日

派工号：

车辆牌号		厂牌车型		底盘号		发动机号	
车辆进厂基本情况检查(正常√　不正常×)							
一、车身(□碰撞　□划痕　□破损)							
二、电器部分(□部件　□线路灯光　□空调)							
三、发动机部分(□异响　□技术状况)							
四、底盘部分(□前桥　□传动系　□后桥)							
五、仪表(□各种故障灯　□各种仪表)							
六、随车物品(前□有/无　√/×,后□正常/不正常　√/×) □备胎□　　□灭火器□　　□随车工具□　　□千斤顶□　　□标志□ □行驶证□　　□随车资料□　　□贵重物品□　　旧件文还客户(是/否)							
托修方报修项目 及说明				行驶里程(km)			
检测项目		检测仪器/方法		检测结果			
电控系统故障诊断		电控系统故障诊断仪					
行车制动性能		制动试验台或路试					
驻车制动有效行程		检测或路试					
汽油车排放		废气分析仪		怠速:CO　　%;HC　　$\times 10^{-6}$			
				高怠速:CO　　%;HC　　$\times 10^{-6}$			
柴油车排放		不透光度计/烟度计		烟度值: Rb			
四轮定位		四轮定位仪		前束值:　　　　主销内倾角: 主销后倾角:　　前轮外倾:			

续上表

检测项目	检测仪器/方法	检测结果	
转向盘自由转动量	转向盘角度仪		
空调制冷系统工作压力	压力表	高压侧： kPa 低压测： kPa	
前照灯远光发光强度	前照灯检测仪/屏幕法	外侧左： 右： 内侧左： 右：	
前照灯远光光束中心高度		左：	右：
前照灯远光水平偏移量		左：	右：
前照灯近光光束中心高度		左：	右：
前照灯近光水平偏移量		左：	右：
离合器踏板自由行程	检测		
制动踏板自由行程	检测		
离合器工作状况	路试		
变速器工作状况	路试		
传动轴工作状况	路试		
后桥工作状况	路试		
操纵稳定性	路试		
车身表面状况	检视		
车轮动平衡测试			
其他			

续上表

检测项目		检测仪器/方法	检测结果
确定附加作业项目	发动机		
	底盘		
	车身		
	电器		
	其他		

检验员：　　　　　　　　　　　　　　日期：　　年　月　日

汽车整车修理进厂检验单　　　　　　　　　　　　　表 5-12

托修方：　　　进厂日期：　　年　月　日　　派工号：

	车辆牌号		厂牌车型		发动机号		底盘号	
	汽车状态(行驶或不能行驶原因)					上次大修后行驶里程(时间)		
	发动机和底盘缺损何件					里程表记录里程		km
汽车装备检视一览表	前照灯	示廓灯	点火开关	点火钥匙	车门钥匙	前照灯		
	电喇叭	气喇叭	门内拉手	门外拉手	升降器摇把	转向灯		
	刮水器	刮水片	冷却液罐	清洗液箱	油箱盖	制动灯		
	全车玻璃	全车座垫	油底壳	机油尺	机油口盖	车门锁		
	前拖钩	后拖曳钩	轮毂装饰罩	备胎及架	倒车镜	散热器盖		
	空气滤清器	空气压缩机	车轮挡泥板	车厢脚垫	后视镜	减振器		
	蓄电池	收音机	CD机	天线	安全气囊	点烟器		
	电风扇	遮阳板	随车工具					

续上表

报修项目及说明	
技术状况检验	发动机： 底盘： 电器： 车身：

检验员签字：　　　　年　月　日　托修方签字：　　　　年　月　日

发动机修理进厂检验单（汽油发动机）　　　　表 5-13

进厂日期		进厂编号	
车辆牌号		厂牌车型	
发动机号		发动机型号	
送修单位		单位地址	
联系电话		送修人	
用户报修项目及发动机现状	维修前使用此发动机的汽车驶入或拖入_____ 总行驶里程_____km 已进行发动机大修_____次 进厂前主要问题是_____ 此次要求_____		
发动机主要问题及重点修理部位			
发动机外观及装备（完整"○"，缺少"△"，损坏"×"）			
检验项目	检验结果	检验项目	检验结果
空气滤清器		各传感器	
燃油滤清器		机油散热器及管道	
机油滤清器		加机油口盖	

续上表

检验项目	检验结果	检验项目	检验结果
喷油器(电控)		机油尺,放油塞	
机油泵		水泵	
燃油泵		风扇电动机	
汽缸体、汽缸盖		风扇传动带	
进、排气歧管		风扇叶片	
起动机		排气管、消声器	
发电机		尾气净化器	
火花塞		油管、真空管	
分电器			
电控系统			
点火线圈			
其他			

检验员签字： 年 月 日 托修方签字： 年 月 日

2. 汽车维修过程检验

汽车维修过程检验又称工序检验,是指汽车维修过程中,对每一道工序的加工质量、零部件质量、装配质量等进行的检验。

汽车维修过程检验目的在于防止不合格的零件或总成装配到车上,同时防止不规范的维修作业行为发生,造成汽车维修质量隐患。

汽车维修过程检验可分为零件分类检验、维修工艺检验、关键工序的质量检验与总成验收等。汽车维修过程检验一般由维修技术人员自检,班组人员互检,专职检验员对维修各环节进行质量抽检。

汽车维修过程检验的主要内容如下：

(1)零件分类检验。

零件分类检验是汽车维修过程中的重要工序,它直接影响汽车的维修质量和维修成本。零件分类检验就是在汽车或总成全部解体并清洗后,按照零件损伤程度和零件分类检验规范,将所有零件分为可用件、需修件和报废件三类。

（2）汽车维修工艺检验。

汽车维修工艺检验是指从汽车解体、维修、装配,直到汽车维修竣工出厂全过程中的质量检验与监督。

汽车维修过程质量检验与质量监督目前普遍采用三级质量检验保证制度,即工位自检、工序互检和专职检验。

①工位自检,是指由维修技术人员按照工艺规程、工艺规范及技术标准,对本工位所承担的维修项目进行的自我评定。工位自检是汽车维修过程中最直接、最全面、最重要的检验。只有各技术人员在工位自检中实事求是地对所维修项目进行自我评定并自我保证,整车维修质量才能有保证。

②工序互检,是指工序交接过程中的相互质量检验。互检的重点在于对关键维修部位的质量进行抽检把关,以免在维修竣工后造成返工。

③专职检验,是指为了有效控制汽车维修过程质量,及时发现及解决维修过程中的技术质量问题,由专职检验人员对汽车维修过程中关键工序和生产现场质量控制点的重点检验。

（3）关键工序的质量检验与总成验收。

关键工序的质量检验与总成验收主要是对质量容易波动且对产品质量影响较大的关键工序(如汽缸体、曲轴、车架等主要基础件的整形和精加工工序)和关键总成(如发动机、驱动桥等)的质量检验,或者对检验手段、检验技术较为复杂的重要工序的检验,以及生产过程的首道工序检验(汽车进厂检验、材料配件入口检验、外购外协件质量检验)或末道工序检验。

汽车维修过程中关键检验项目,见表5-14。

汽车维修过程中关键检验项目   表5-14

检验部位	检验项目
发动机部分	汽缸镗磨质量(如汽缸圆度、圆柱度、表面加工质量等),曲轴与凸轮轴各轴颈的修磨质量以及活塞偏缸、飞轮偏摆等,发动机冷磨热试质量(缸壁间隙、活塞变形量)及总成试验性能
底盘部分	变速器各轴平行度、各齿轮啮合情况,驱动桥圆锥主被动齿轮的啮合情况,车架纵梁平行度,轴距差、转盘连接等,转向系转向机构探伤情况,制动系各轮制动性能,汽车总装质量等
电器部分	蓄电池、发电机、起动机、前照灯、仪表信号等
车身部分	驾驶室、车门及门锁等

3.汽车维修竣工出厂检验

汽车维修竣工出厂检验就是由专职汽车维修质量检验员在汽车维修竣工后、出厂前,对照维修质量技术标准,对汽车维修总体质量进行的全面验收检查。对验收检查中发现的缺陷和不合格项目,立即处理,不允许有缺陷的车辆出厂。

汽车维修竣工出厂检验的主要任务:

(1)整车外观技术状况检查。
(2)整车及各主要总成的装备和附属装置情况检查。
(3)发动机运行状况及性能检验。
(4)汽车运行状况及性能检验,可通过路试或汽车维修质量监督检测站检测。
(5)对检验合格的车辆进行最后验收,填写汽车维修竣工出厂检验单。
(6)对维修质量合格的车辆签发《机动车维修竣工出厂合格证》。
(7)办理汽车维修竣工出厂交接手续。

汽车整车修理竣工出厂检验单,见表5-15;发动机修理竣工出厂检验单(汽油发动机),见表5-16;机动车维修竣工出厂合格证,式样正面如图5-2所示,合格证内容如图5-3所示。

汽车整车修理竣工出厂检验单 表5-15

托修单位: 检验日期: 年 月 日

车牌号码		车型		发动机号码		车架号/VIN	
序号	检验项目		检验结果	序号	检验项目		检验结果
1	整车外观及装备		—	2.1	发动机		—
1.1	外观			2.1.1	起动性能		
1.2	整车装备			2.1.2	怠速运转性能		
1.3*	整备质量			2.1.3	运转状况		
1.4	左右轴距差			2.1.4	压缩压力		
1.5	润滑及其他工作液			2.1.5	机油压力		
2	各总成机构		—	2.2	转向操纵机构		—

续上表

序号	检验项目	检验结果	序号	检验项目	检验结果
2.2.1	转向盘		2.5.4	驻车制动操纵力或踏板力	
2.2.2	转向盘最大自由转动量		2.5.5	制动系统密封性	
2.2.3	车轮定位、最大转向角		2.6	车身、驾驶室	—
			2.6.1	车身、驾驶室外观	
2.2.4	转向轮横向侧滑量		2.6.2	车身、驾驶室漆面	
2.2.5	转向连接件		2.6.3	车身、驾驶室、货箱、保险杠和翼子板	
2.3	传动机构	—			
2.3.1	离合器		2.6.4	座椅及安全带	
2.3.2	离合器踏板		2.6.5	车门、车窗	
2.3.3	变速器		2.6.6	门窗玻璃	
2.3.4	传动轴		2.7	照明和信号装置及其他电气设备	—
2.3.5	主减速器、差速器				
2.4	行走机构	—	2.7.1	照明和信号装置	
2.4.1	车轮总成		2.7.2	仪表	
2.4.2	轮胎		2.7.3	电气线路	
2.4.3	减振器		2.7.4	发电机	
2.4.4	钢板弹簧、气体弹簧		2.7.5	空调系统	
2.4.5	车桥与悬架		2.7.6	前照灯	
2.5	制动机构	—	3	主要性能要求	—
2.5.1	行车制动踏板行程		3.1*	动力性	
2.5.2	行车制动踏板力		3.2	经济性	
2.5.3	驻车制动操纵杆或踏板		3.3*	排放性能	
			3.4*	行车制动性能	

续上表

序号	检验项目	检验结果	序号	检验项目	检验结果
3.5*	驻车制动性能		3.7	转向轻便性	
3.6	滑行性能		3.8	喇叭声级	
竣工检验结论			总质量检验员(签字)		

注：检验项目要求："*"为关键项其余为一般项。

检验结果表示方法：检验合格打"√"，不合格打"×"。

发动机修理竣工出厂检验单(汽油发动机)　　表5-16

托修单位：　　　　　　　　　送检时间：　　年　月　日

进厂编号		厂牌车型		牌照号码	
发动机编号		竣工日期		主修人	

序号	检验项目	检验结果	序号	检验项目	检验结果
1	发动机外观及装备	—	3.3	加速或减速	
1.1	外观		3.4	异响	
1.2	装备		4	进气歧管真空度	
1.3	润滑油(脂)及冷却液		5*	汽缸压缩压力	
2	起动性能	—	6	润滑油压力	
2.1	冷机起动		7	紧急停机装置（柴油机）	
2.2	热机起动		8	额定功率	
3	发动机运转状况	—	9	最大转矩	
3.1	怠速运转性能		10	燃料消耗率	
3.2	运转状况		11*	排放性能	
竣工检验结论			总质量检验员(签字)		

注：检验项目要求："*"为关键项其余为一般项。

检验结果表示方法：检验合格打"√"，不合格打"×"。

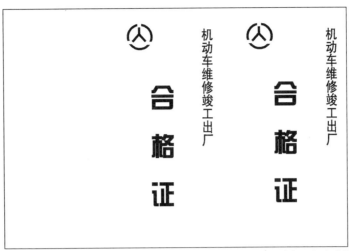

图 5-2　机动车维修竣工出厂合格证式样(正面)

No:

存　根

托　　修　　方＿＿＿＿＿＿

车　牌　号　码＿＿＿＿＿＿

车　　　　　型＿＿＿＿＿＿

发动机型号/编号＿＿＿＿＿＿

底盘（车身）号＿＿＿＿＿＿

维　修　类　别＿＿＿＿＿＿

维修合同编号＿＿＿＿＿＿

出厂里程表示值＿＿＿＿＿＿

该车按维修合同维修，经检验合格，准予出厂。

质量检验员：（盖章）

承修单位：（盖章）

进厂日期：　　出厂日期：

托修方接车人：　　　　（签字）

接车日期：

No:

车属单位保管

托　　修　　方＿＿＿＿＿＿

车　牌　号　码＿＿＿＿＿＿

车　　　　　型＿＿＿＿＿＿

发动机型号/编号＿＿＿＿＿＿

底盘（车身）号＿＿＿＿＿＿

维　修　类　别＿＿＿＿＿＿

维修合同编号＿＿＿＿＿＿

出厂里程表示值＿＿＿＿＿＿

该车按维修合同维修，经检验合格，准予出厂。

质量检验员：（盖章）

承修单位：（盖章）

进厂日期：　　出厂日期：

托修方接车人：　　　　（签字）

接车日期：

No:

质量保证卡

该车按维修合同进行维修，本厂对维修竣工的车辆实行质量保证，质量保证期为车辆行驶＿＿＿＿万公里或者＿＿＿＿日。在托修单位严格执行走合期规定、合理使用、正常维护的情况下，出现的维修质量问题，凭此卡随竣工出厂合格证，由本厂负责包修，免返修工料费和工时费，在原维修类别期限内修竣交托修方。

返修情况记录：

次数	反修项目	反修日期	修竣日期	送修人	质检员

维修发票号：

图 5-3　机动车维修竣工出厂合格证内容

《机动车维修竣工出厂合格证》由省级道路运输管理机构统一印制和编号，县级道路运输管理机构按照规定发放和管理。《机动车维修竣工出厂合格证》既是汽车维修质量合格的标志，也是承修方对托修方质量保证的标志。按照规定，凡经过整车大修、总成大修、二级维护后竣工出厂的车辆，在修竣验收合格后，必须由承修方签发《机动车维修竣工出厂合格证》，并向托修方提供相应的维修技术资料。其内容包括：汽车维修过程中的主要技术数据、主要零件更换记录、汽车维修竣工出厂后的走合期规定、汽车维修竣工出厂后的质量保证项目及质量保证期限以及返修处理规定和质量调查等。

课题五 汽车维修质量保证

根据《道路运输车辆技术管理规定》(2016年1月22日交通运输部发布 根据2019年6月21日《交通运输部关于修改〈道路运输车辆技术管理规定〉的决定》修正)及《机动车维修管理规定》(2005年6月24日交通部发布 根据2015年8月8日交通运输部《关于修改〈机动车维修管理规定〉的决定》第一次修正 根据2016年4月19日交通运输部《关于修改〈机动车维修管理规定〉的决定》第二次修正 根据2019年6月21日交通运输部《关于修改〈机动车维修管理规定〉的决定》第三次修正),汽车维修企业在机动车维修竣工后应当实行出厂质量保证制度;应公示承诺机动车维修的质量保证期,且所承诺的质量保证期不得低于国家规定的质量保证期。即汽车维修企业应当公示承诺:在汽车维修竣工后,在用户车辆正常维护及合理使用(不违章操作、不超载超速)前提下,在质量保证期限及质量保证范围内,不发生因为维修质量不佳而造成车辆的故障或损坏。汽车维修质量保证的内容,包括质量保证期限及质量保证范围。

一、质量保证期限

汽车整车修理或总成修理的质量保证期为20000km或100日;汽车二级维护的质量保证期为5000km或30日;汽车一级维护、汽车小修及汽车专项修理的质量保证期为2000km或10日。质量保证期自汽车维修竣工出厂之日起计算以行驶里程或使用期限两者中先达到者为准。

二、质量保证范围

汽车修理企业应对各级维修类别所规定的作业范围,以及汽车在进厂时报修的承修范围及附加作业范围,在质量保证期限内履行质量保证,以保证维修竣工出厂车辆技术状况良好、运行正常。其中,所有经更换的汽车配件(特别是基础件及重要总成)应为原厂新件;所有经修复的旧件要求其技术状况及性能良好。

三、质量返修的处理

1. 质量返修及处理

凡车辆经过维修竣工且经过质量检验出厂后,在质量保证期及质量保证范围内,倘若有需要返修处理的,应列为质量返修。维修企业在处理质量返修车辆时,首先应由托修方与承修方共同技术鉴定,以分清返修责任、并填写返修记录。其处理原则是:

(1) 责任属于承修厂的质量返修。根据《机动车维修管理规定》,凡经整车修理、总成修理、二级维护、一级维护、小修及专项修理而竣工出厂的车辆或总成,在规定的或承修厂承诺的质量保证期内,倘若确因维修质量而造成车辆故障或损坏从而使汽车无法正常使用的,承修方在3日内也无法提供非维修原因相关证据的,汽车维修企业应当及时无偿的质量返修,不得故意拖延或者无理拒绝。倘若汽车在国家规定的或承修厂承诺的质量保证期内因为同一故障或同一维修项目经两次修理仍不能正常使用的,汽车维修企业应当负责联系其他机动车维修经营者、并承担相应修理费用。通过质量返修,承修方的承修班组、主修人、质量检验员及质量管理者等都应从中吸取经验教训,找出质量管理薄弱环节,提出质量改进措施。

(2) 责任属于送修方的故障或损坏。倘若车辆因用户使用不当(如超载、超速)或维护不当而造成的故障或损坏,应由送修方自行负责。

(3) 倘若责任涉及送修方与承修方双方的,则应根据责任认定结果由双方协商处理。

2. 质量纠纷与质量信誉考核

在机动车维修过程中,倘若承修方与托修方之间发生质量纠纷,可由双方先行协商。倘若协商无效的,可交由道路运输管理机构根据维修合同及相关规定出面调解处理或进行鉴定仲裁,或交人民法院判决处理,也可委托第三方"机动车司法鉴定机构"组织专家进行司法鉴定(鉴定费用由责任方承担)。但须注意的是,纠纷双方都应当保护当事车辆的原始状态。倘若需要拆检时,纠纷双方都应在场,拆检结果由纠纷双方共同认可。交通运输管理机构(汽车维修行业管理部门)不仅应当建立汽车维修企业的质量信誉考核制度(如经营者基本情况、经营业绩及奖励情况、不良记录等),而且还应当建立汽车维修企业的诚信档案,并依法公开供公众查阅。

项目六　汽车维修企业7S管理

1. 知识目标

了解汽车维修企业现场管理的要素、7S管理的含义，了解汽车维修企业推行7S的八大目的和作用；了解汽车维修车间及办公室7S管理规范要求。

2. 技能目标

能按照汽车维修车间及办公室7S管理规范要求实施7S管理工作。

3. 素养目标

培养学生树立7S管理意识，养成良好的习惯。

6课时。

 汽车维修企业现场管理

一、汽车维修企业现场管理的重要性

现场管理是汽车维修企业管理的有机组成部分，是维修一线的综合管理。它是维修企业占领、拓宽市场的坚实基础，将直接影响着维修服务质量和维修企业经济效益；它是维修企业的门面和窗口，维修企业服务技术水平的高低、维修服务质量的好坏、服务的优劣，都能从现场体现出来。因此，如何通过加强现场管理，推动维修企业管理水平的提高，是维修企业管理要解决的一个重要课题。

维修现场管理是运用科学的管理思想、方法和手段对维修现场的各种维修要素:人(操作者、管理者)、机(设备)、料(材料、配件)、法(工艺、方法、制度)、环(环境)、信(信息)等进行合理的配置和优化组合,通过计划、组织、控制、协调、激励等管理手段,实现优质、高效、低耗、均衡、安全、文明的维修作业,并做到不断优化现场管理,实现汽车维修企业管理整体优化。

二、汽车维修企业现场管理要素

汽车维修现场是由各维修要素构成的,主要有人、机、料、法、环、信六大要素。

1. 人

要素之一"人",即对人的管理。

员工是企业的最大财富,也是最重要的资源。如何选人、用人、育人、留人是企业管理的核心。只有实现了对人的管理,才能实现对现场进行全方位的优化,为维修企业管理整体优化打下坚实基础,提高维修企业的核心竞争力,取得市场竞争优势。

2. 机

要素之二"机",即对机器设备的管理。

机器设备是维修企业进行维修活动的物质条件,是进行安全维修的首要保障。企业要制定机器设备使用管理的规章制度,落实专人负责管理,定期开展检查,提高设备的完好率和利用率。

3. 料

要素之三"料",即材料、配件的管理。

材料、配件是企业生产的重要资源,大多数企业中,材料、配件成本是维修成本的主要成分,因此,材料、配件应作为管理的重要因素。

4. 法

要素之四"法",即工艺、方法、制度等。

企业的技术手段、工艺水准至关重要,维修企业的作业标准规范、制度流程等技术手段是企业在同行竞争中取胜的法宝。

5. 环

要素之五"环",即环境。

环境直接影响到安全维修,也是创造优质维修服务的前提。良好的工作环境、整洁的作业现场、融洽的团队氛围,有助于提升员工的工作热情和保证产品质量。

6. 信

要素之六"信",即信息系统。

现场管理大量的信息形成了信息流,信息流是现场管理体系中的神经系统,是现场管理标准确定和活动开展的依据。汽车维修企业现场信息包括:车辆技术信息、车辆维修信息、日常管理信息及信息查询。

汽车维修现场是一个动态的作业环境,情况每时每刻都在发生变化,随着作业内容的变化,可能会出现新问题。所以说,加强现场管理,理顺人、机、料、作业环境间的关系,建立起一个文明、整洁、有序、舒畅的维修作业环境,对提高维修效率和安全都具有深远意义。因此,本项目后续课题重点介绍现场管理中对环境要素的管理。目前,汽车维修企业大多按照7S作业标准进行现场环境管理。

课题二 7S管理概述

7S管理起源于日本,由于整理(Seiri)、整顿(Seiton)、清扫(Seiso)、清洁(Seiketsu)、素养(Shitsuke)、安全(Safety)、节约(Save)的日语罗马拼音均以S开头,故称7S。7S对于塑造企业形象、降低成本、准时交货、安全生产、高度标准化、创造令人心旷神怡的工作场所、现场改善等方面发挥了巨大作用,逐渐被各国的管理界所认识。根据企业进一步发展的需要,有的公司在原来7S的基础上加上习惯化(Shiukanka)、服务(Service)及坚持(Shikoku),形成了10S。

一、7S管理的含义

(1)整理:要与不要,一留一弃。就是将工作场所的物品按常用、不常用和不用区分开。通过整理要达到工作场所无任何妨碍工作、妨碍观瞻、无效占用作业面积的物品,以腾出更大的空间,防止物品混用、误用,创造一个干净的工作场所。

(2)整顿:科学布局,取用快捷。就是把工作场所所需要的物品予以定量、定位。通过整顿把有用的物品按规定分类摆好,并做好标识,杜绝乱堆乱放、物品混淆不清,避免需要的物品找不到等无序现象的发生,以便使工作场所一目了然。整齐明快的工作环境可以减少寻找物品的时间,消除过多的积压物品。

(3)清扫:清除垃圾,美化环境。就是将工作场所内所有的地方扫干净,包括工作时产生的灰尘、油泥,工作时使用的仪器、设备、材料等。通过清扫使工作场所保持一个干净、宽敞、明亮的环境,以保证作业安全,保证工作质量。

(4)清洁:洁净环境,贯彻到底。就是对物品、环境进行清洁,同时员工的工作服要清洁,仪表要整洁。保持工作场所清洁,以及员工形体上的清洁和良好的精神状态。

(5)素养:形成制度,养成习惯。提高员工的素养,每个员工都要养成良好的习惯,遵纪守法,积极向上,工作时精神饱满、主动热情。素养是7S的核心和精髓。

(6)安全:保障员工的人身安全,保证生产的连续安全正常的进行,同时减少因安全事故而带来的经济损失。

(7)节约:就是对时间、空间、能源等方面合理利用,以发挥它们的最大效能,从而创造一个高效率的、物尽其用的工作场所。

二、推行7S管理的目的

推行7S管理要达到八大目的。

1. 改善和提高企业形象

整齐、整洁的工作环境,容易吸引顾客,让顾客心情舒畅;同时,由于口碑的相传,企业会成为其他公司的学习榜样,从而能大大提高企业的形象。

2. 提高效率

良好的工作环境和工作氛围,再加上很有素养的合作伙伴,员工们可以集中精神,认认真真地干好本职工作,必然就能大大地提高效率。

3. 改善零件在库周转率

需要时能立即取出有用的物品,供需间物流通畅,就可以极大地减少寻找所需物品时所滞留的时间。因此,能有效地改善零件在库房中的周转率。

4. 减少直至消除故障,保障品质

优良的品质来自优良的工作环境。工作环境,只有通过经常性的清扫、点检和检查,不断地净化工作环境,才能有效地避免污损东西或损坏机械,维持设备的高效率,提高生产品质。

5. 保障企业安全生产

整理、整顿、清扫,必须做到储存明确,所用东西固定位置,用后物归原位;工

作场所保持宽敞、明亮,通道畅通,地上不能摆设不需要的东西;工作有条不紊,意外事件的发生自然就会相应地大为减少,当然安全就会有了保障。

6. 降低生产成本

一个企业通过实行或推行7S管理,能极大地减少人员、设备、场所、时间等几方面的浪费,从而降低生产成本。

7. 改善员工的精神面貌

一个企业通过实行或推行7S管理,可以明显地改善员工的精神面貌,使组织焕发出一种强大的活力。

8. 缩短作业周期

推行7S管理,通过实施整理、整顿、清扫、清洁来实现标准化管理,使企业的管理一目了然,使异常现象明显化,人员、设备、时间就不会造成浪费,企业生产能相应地非常顺畅,作业效率必然就会提高,作业周期必然相应地缩短。

课题三　汽车维修企业7S管理

汽车维修企业引入7S管理模式,有助于提升企业形象,有助于提升维修服务质量,有助于提高现场管理效率,有助于降低生产成本。

一、汽车维修企业推行7S管理的作用

1. 营造愉快的工作环境

(1)工作环境明亮、干净、无灰尘、无垃圾,会让人心情愉快,不会感觉厌倦和烦恼。

(2)工作会成为一种乐趣,员工就不会无故缺勤旷工。

(3)一目了然的工作场所,没有浪费、勉强、不均衡等弊端,使人心情舒畅。

(4)7S管理制度给人以"只要大家努力,什么都能做到"的坚强信念,鼓励大家动手改善,在充满活力的一流场所工作,会让员工由衷地感到自豪和骄傲。

2. 推动作业标准化

整顿环节可以规范现场作业,使大家都按照规定正确操作,标准化作业有如下作用。

(1)工作程序的稳定,必然带来汽车维修品质的稳定,维修成本也会稳定下来。
(2)员工能正确执行各项规章制度,到任何岗位都能立即上岗作业。
(3)每一位员工都明白工作该怎么做,怎样才算做好了工作。
(4)汽车维修的品质有所保证,能够如期实现生产目标。

3. 提高工作效率

具体表现在:
(1)模具、夹具、工具等,经过整理、整顿后,不需要过多的寻找时间。
(2)在整洁规范的工厂里,机器正常运转,作业效率大幅提升。
(3)7S管理的工作模式,让初学者一看就懂,能够快速适应岗位要求。

4. 减少维修质量缺陷

在汽车维修过程中,按照7S管理标准去做,是确保维修品质的基本前提。
(1)环境整洁有序了,有异常的现象一眼就可以发现。
(2)干净整洁的维修现场,可以提高员工的维修质量意识。
(3)维修设备、检测仪器正常使用与维护,可以减少维修缺陷。

所有这一切,可以使员工事先就知道要预防维修质量问题的发生,而不仅仅是在事后才去采取补救措施。

5. 实现按期交车

推广7S管理可以使:
(1)工厂环境好,无尘、无碎屑、无漏油。
(2)机械设备能够经常擦拭和维护,使用率高。
(3)模具、工装夹具管理良好,调试、寻找时间减少。
(4)人员工作效率稳定;每日进行检查,能够防患于未然。

因而,维修效率就可以提高,确保了按时交车。

6. 实现节约目标

实行7S管理,可以收到如下效果:
(1)能减少汽车维修所需的零配件库存量。
(2)能避免维修工具、材料等库存过多。
(3)能避免库房、货架过剩。
(4)能避免购置不必要的维修设备、工装夹具。
(5)能最大限度地避免"寻找""等待""避让"等动作所引起的时间浪费。
(6)能消除"拿起""放下""清点""登记""搬运"等没有任何附加价值的动作。

(7)能避免购置多余的文具、桌椅等办公设备等。

总之,可以从多方位最大限度地实现节约。

7. 最大限度减少安全事故

具体表现在:

(1)整理、整顿后,工作场所宽敞、明亮,一目了然。

(2)"危险""注意"等警示牌明显、醒目。

(3)物品放置、搬运方法和积载高度充分考虑了安全因素。

(4)维修车间通道和休息场所等不会被占用。

(5)人车分流,道路通畅。

(6)员工正确使用保护器具,遵守作业标准,不违规作业,不会发生工伤事故。

(7)所有设备都进行清洁、检修,能预先发现所存在的问题,从而消除安全隐患。

(8)消防设备齐备,灭火器放置位置、逃生路线明确,万一发生火灾或地震,员工及客户的生命安全有保障。

8. 具有提升企业知名度的作用

在汽车维修的同行业内,假如能被称赞为最干净、整洁的维修企业,那么:

(1)工作环境良好、管理制度严谨、维修质量可靠的口碑就会不胫而走,忠实的客户会越来越多,从而给企业带来丰厚的利润。

(2)企业知名度高了,技术人员就会慕名而来,并以来这家公司工作为荣。

(3)消费者会以购买这家公司的产品为荣。

所有这一切,都是企业的活广告,使企业获得更大的发展空间。

二、汽车维修现场7S管理规范

为明确汽车维修现场管理内容与要求,以便7S的实施和检查,制定汽车维修企业7S管理规范,见表6-1。

汽车维修企业7S管理规范　　　　表6-1

序号	项目	内容与要求
1	整理	现场物品(如旧件、废料、垃圾)区分要用的与不用的,定时清理
2		物料架、工具柜、工作台、工具车等要摆放好,定时清理
3		办公桌面及抽屉要定时清理
4		汽车配件、废料、余料等放置有序

续上表

序号	项目	内容与要求
5	整理	量具、工具等要正确使用,摆放整齐
6		作业场所不要摆放不必要的物品、工具
7		将暂时不需要的资料、工具等放置好
8	整顿	物品摆放整齐
9		资料、档案分类整理,并放入卷宗、储柜、抽屉
10		办公桌、座椅、茶具等定位摆放
11		工具车、工作台、仪器、废油桶等定位摆放
12		短期不用的物品,收拾定位
13		划分作业场所,标示场所名称
14		抹布、手套、扫帚、拖把等定位摆放
15		通道、走廊保持畅通,通道内不得摆放任何物品
16		所有要使用的工具、零件定位摆放
17		划定位置收藏废旧、破损物品及不常使物品,并标识
18		易燃物品定位摆放
19		电脑电缆绑扎良好、不凌乱
20		消防器材要容易拿取
21	清扫	地面、墙壁、天花板、门窗清扫干净、无灰尘
22		过期资料、档案定期销毁
23		公布栏、记事栏内容定时清理或更换
24		下班前打扫和收拾物品
25		扫除垃圾、纸屑、烟蒂、塑料袋等
26		工具车、工作台、设备及时清扫
27		废料、余料等随时清理
28		地面上、作业区的油污及时清理

续上表

序号	项目	内容与要求
29	清扫	清除带油污的破布或棉纱等
30	清洁	随时保持工作环境整洁
31		设备、工具、工作台、办公桌等保持干净,无杂物
32		花盆、花坛保持清洁
33		地面、门窗、墙壁保持清洁
34		墙壁油漆剥落或地上画线油漆剥落应修补
35	素养	遵纪守法,遵守作息时间,不迟到、不早退、不无故旷工
36		工作态度端正
37		穿戴整齐,不穿拖鞋,不穿短裤
38		工作场所不干与工作无关的事情
39		员工时间观念强
40		使用公物时,用后保证能归位,并保持清洁
41		使用礼貌用语,礼貌、热情待人
42	安全	下班后关闭所有用电设备
43		下班后关闭门窗,将凳子摆放于办公桌下方
44		所有通道必须保持畅通,不能放置任何物料
45		禁止乱拉、乱接电源线,消除安全隐患
46		所有消防栓区域及灭火器区域禁止放置任何物料
47		易燃物品要划定区域,分开摆放
48	节约	严禁使用公司电话拨打私人电话
49		节约使用办公用纸,可重复利用纸张背面打印
50		做到人走灯关
51		人员离岗时应关掉机器、风扇等一切用电设备

项目六　汽车维修企业 7S 管理

三、汽车维修现场 7S 检查

维修现场 7S 检查分为定期检查和不定期检查。不论是定期还是不定期的 7S 检查,都必须认真做好记录,及时总结,并与 7S 实施规范比较,凡不合格项目应限期整改与验收。

1. 定期检查

(1) 日检。由班组长负责,组织员工利用每天下班前的 10min 进行 7S 检查,重点是整理和清扫。

(2) 周检。由车间主任负责,组织班组长利用周末下班前 30min 进行 7S 检查,重点是清洁和素养。

2. 不定期检查

一般是在维修工作繁忙,或接到客户、员工投诉时,临时进行的 7S 检查。

四、汽车维修现场 7S 管理的拓展

在汽车维修现场实施 7S 管理,不能仅仅停留在浅显的打扫卫生这个层面,应该透过现象去看本质,领悟这一管理模式的内涵,充分拓展其在其他领域的辐射效应。

1. "整理"的拓展

"整理"是区分必需品和非必需品,现场不放置非必需品。

(1) 必需品是指经常使用的物品,如果没有它,就必须购入替代品,否则影响正常工作的物品。

(2) 非必需品分为两种:一种是使用周期较长的物品,例如 1 个月、3 个月甚至半年才是用一次的物品;另一种是对目前生产或工作无任何作用,或需要报废的物品,例如已无用的样品、图纸、零配件、报废设备、各种垃圾等。

要理清哪些是必需品、非必需品并不简单。工作现场必需品与非必需品放置准则,见表 6-2。

必需品与非必需品放置准则　　表 6-2

类别	使用频率	处理方法	备注
必需品	每小时	放工作台上或随身携带	
	每天	现场存放(工作台附近)	定置摆放整齐
	每周	现场存放	定置摆放整齐

续上表

类别	使用频率		处理方法	备注
非必需品	每月		仓库存储	摆放整齐检查维护
	三个月		仓库存储	定期检查维护
	半年		仓库存储	定期检查维护
	一年		仓库存储(封存)	定期检查维护
	两年		仓库存储(封存)	定期检查维护
	未定	有用	仓库存储	定期检查维护
		无用	变卖/废弃	定期清理
	不能用或确定不用		废弃/变卖	定期清理

对于必需品,人们总是混淆"客观需要"和"主观想要"概念,总有"以防万一"的心态在支撑。很多情况下,人们习惯于占有更多资源,在文件柜、工具箱、抽屉、操作台上塞满了杂物,长期不用或者已经不能使用的工具、仪器、废旧文具、过期文件、空白表格、草稿纸、书报杂志等充满了办公空间,浪费了有限的资源。工作现场"要"与"不要"物品分类见表6-3。

工作现场"要"与"不要"物品分类　　　　表6-3

类别		基准分类
要		1.正常的机器、设备、照明或电气装置;2.工作台、材料架、板凳;3.使用的工装、模具、夹具等;4.原材料、半成品、成品等;5.搁板、防尘用具;6.办公用品、文具等;7.使用中的看板、海报等;8.各种清洁工具、用品等;9.文件和资料、图纸、表单、记录、档案等;10.作业指导书、作业标准书、检验用的样品等
不要	A.地面上	1.杂物、灰尘、纸屑、油污等;2.不再使用的工装、模具、夹具等;3.不再使用的办公用品;4.破烂的垃圾筒、周转箱、纸箱等
	B.工作台	1.过时的报表、资料;2.损坏的工具、样品等;3.多余的材料等;4.私人用品

续上表

类别		基 准 分 类
不要	C.墙上	1.蜘蛛网；2.老旧无用的标准书；3.老旧的海报标语
	D.空中	1.不再使用的各种挂具；2.无用的各管线；3.无效标牌、指示牌等

2."整顿"的拓展

整顿的目的固然是为了减少寻找时间，但是，整顿还有更深层的含义，即现场环境清洁了，一旦物品或者设备出现异常，就能立刻被发现。

因此，"整顿"的基础实际上是工作空间布局的规划、物品的分类及命名、物品的标识方法、物品摆放位置的科学规划等，如图6-1所示。

图6-1 维修机具设备"整顿"

除了物品方面，"整顿"的拓展内容包括：限制办公文具的使用量、倡导无纸化办公、压缩会议并将现场会议压缩到1h以内、倡导1min电话、减少"待办事项"、控制文件的分发范围及数量、及时销毁过时文件和临时文件（只保留一套正式版本）、缩短工作处理时间等。

3."清扫"的拓展

通过清扫，把废旧汽车零部件、废旧油液、污垢、灰尘、原材料加工后的剩余物、汽车喷漆后的遮盖物等清除掉。这样一来，设备的磨耗、瑕疵、漏油、松动、裂纹、变形等缺陷才能暴露出来，以便采取相应措施加以修补。

另外，在清扫过程中还会发现很多问题，这是修补、整修的好机会。如地板上凹凸不平的地方需要整修、松动的螺栓需要紧固、需要润滑的部位应及时加油维护、跑冒滴漏需要检修等。

4. "清洁"的拓展

清洁的目的是保持整洁的状态,例如:

(1)作为文件,无论是电子版的还是纸质的,均应存放有序、查找便利。

(2)维修过程中,每一个操作环节均应保持清洁,避免影响汽车的维修质量。

(3)交车之前,客户送修车辆的车内、车外均应清理干净。

(4)客户要带回的废旧零部件,要擦拭干净。

5. "素养"的拓展

通过上述4S的历练,达到完善企业规章制度,培养员工良好工作习惯、工作责任心,激发大家的工作热情的目的。

先实现"人造环境",再达到"环境育人",使企业文化得到整体提升,员工都有归属感,共同促进企业的发展。

6. "安全"的拓展

安全的目的是建立安全生产环境。重视全员安全教育,每时每刻都有安全第一观念,防患于未然。安全推行要领:

(1)电源开关、风扇、灯管损坏及时报修。

(2)物品堆放、悬挂、安装、设置不存在安全隐患。

(3)特殊工位无上岗证严禁上岗。

(4)正在维修或修理设备贴上标识。

(5)危险物品、区域、设备、仪器、仪表特别提示。

7. "节约"的拓展

节约的目的是对时间、空间、能源等方面合理利用,以发挥它们的最大效能。例如:

(1)能用的东西尽可能利用,以自己就是主人的心态对待企业资源,切勿随意丢弃。

(2)丢弃前要思考其余的使用价值。

(3)节约是对整理工作的补充和指导。

课题四 办公室7S管理

汽车4S企业加强办公区管理,对办公室实施7S管理,有利于创造文明的办公环境,维护正常办公秩序,树立良好的企业形象,提高办公效率。

一、办公室7S管理规范

办公室7S管理规范见表6-4。

办公室7S管理规范　　　　表6-4

序号	项目	规 范 内 容
1	整理	将不再使用的文件资料、工具废弃处理
		将长期不使用的文件资料按编号归类放置在指定文件柜
		将常用的文件资料就近放置
		将正在使用的文件资料分未处理、正在处理、已处理三类
		将办公用品摆放整齐
		台面、抽屉最基本的摆放
2	整顿	办公桌、办公用品、文件柜等放置要有规划和标识
		办公用品和文件放置要整齐有序
		文件处理完后均要放入文件夹,且要摆放整齐
		文件夹要有相应的标识,每份文件都要有相应的编号
		办公桌及抽屉整齐、不杂乱
		私人物品放置于规定位置
		电脑线用绑带扎起,不零乱
		用电脑检索文件
3	清扫	将地面、墙、天花板、门、窗、办公台等打扫干净
		办公用品擦洗干净
		文件、记录破损处修补好
		办公室通风、光线充足
		没有噪声和其他污染
4	清洁	每天上班花10min做好7S工作

续上表

序号	项目	规 范 内 容
4	清洁	随时自我检查、相互检查,定期或不定期检查
		对不符合条件的情况及时纠正
		整理、整顿、清扫保持好
5	素养	员工穿戴整洁得体,仪容仪表整齐大方
		员工言谈举止文明有礼,对人热情大方
		员工工作精神饱满
		员工做事认真、谨慎,注意安全
		员工有团队精神,互相帮助,积极参加5S活动
		员工时间观念强
6	安全	下班后关闭所有用电设备
		下班后关闭门窗,将凳子摆放于办公桌下方
		禁止乱拉、乱接电源线,消除安全隐患
7	节约	做到人走灯关,节约用水、用电
		严禁使用公司电话拨打私人电话
		节约使用办公用纸,可重复利用纸张背面打印
		人员离岗时应关掉机器、风扇等一切用电设备

二、办公室7S管理实施细则

1. 办公桌

(1)桌面无灰尘、水渍、杂物,下班前要清理桌面。

(2)重要纸张文件,保密资料(包括发票、客户信息、工作联络单)等一律入柜。

(3)其他纸件全部整齐放置在文件架、文件夹或书柜中,不得散放在桌面上。

(4)办公用品要摆放整齐,桌下不得堆放与工作无关的文件和物品,如报纸、杂志、箱等。

(5)水杯、电话、文具盒、盆景应摆放在指定位置。

2．办公椅

(1)保持干净整洁。

(2)摆放整齐,离开时办公椅要靠近办公桌、摆放在座位下方。

(3)不用的折叠椅应折起整齐地放在不影响走路的地方。

3．抽屉

(1)下班离开前要锁好。

(2)内中物品要摆放整齐。

(3)抽屉中物品要进行定期清理。

4．保密柜、文件柜

(1)有标志(部门、编号、责任人)。

(2)内中物品、文件等摆放整齐,标志明确,便于查找。

(3)文档保存规范。

5．计算机

(1)摆放端正、保持清洁。

(2)下班时关闭电源。

6．打印机、传真机

(1)节约用纸,纸张存放整齐。

(2)及时取回打印、传真文件,以免丢失、泄密。

(3)不允许用传真机复印大量文件。

7．地面

(1)保持干净。

(2)计算机电源线、网络线、电话线等扎放整齐。

(3)桌垫、纸袋、纸张、纸板、纸箱、塑料、泡沫等易燃品,不得与电源线、网线、电话线放置在一起,保证安全。

8．通道、走廊

(1)保持通畅。

(2)不得摆放影响美观或通行的纸箱等。

(3)垃圾篓应置于桌下内侧或办公室指定区域。

9. 临时摆放物品

（1）原则上公共场地不允许摆放纸箱、物品等。

（2）如特殊情况需临时摆放，必须放置整齐，不得影响整个办公场所的美观及行走方便。

10. 公用、流动座位

使用人员均有责任和义务在使用和离开时做好公共办公区域的卫生工作。

11. 个人行为

（1）工作时应保持良好的工作状态。

（2）工作时不闲聊、串岗、呆坐、看杂志、打瞌睡、吃零食。

（3）着装得体大方，工卡佩戴规范。

（4）爱护公物，用完归位。

（5）待人接物诚恳有礼貌，乐于助人。

（6）遵守公共秩序与规定。

（7）离开办公室前关闭所有电源。

（8）提高修养，追求创造良好办公环境整洁的自律精神，并按规则做事。

（9）在开放办公间办公时，不要大声喧哗，接听电话或与别人讨论的声音要控制。

（10）团结并尊重每一位同事，工作中保持经常沟通，有不同意见时，要通过恰当方式解决，任何情况下都不可恶语相向或采取过激行为。

（11）如有客人来访，要做到彬彬有礼，最好在会议室或公共会客厅会客。

（12）开会、上课、培训时关闭手机（或设置为振动）。

（13）在开放办公期间将手机转到座机上，或将声音调至不影响别人工作为宜。

三、办公室7S管理自查

办公室7S管理自查标准见表6-5。

办公室7S管理自查标准 表6-5

7S 内 容	工作内容及标准	自查频率
整理＝扔掉废弃物	将不再使用的文件资料或破旧书籍、过期报纸等按公司要求的方式废弃	1次/日

续上表

7S 内 容	工作内容及标准	自查频率
整理 = 扔掉废弃物	将不经常使用的文件资料进行分类编号整齐存放于文件柜中	1次/日
	将经常使用的文件资料进行分类整理,整齐放于办公桌抽屉或长柜中	1次/日
	将正在使用的文件资料分为待处理、正处理、已处理三类,整齐放于办公桌面或长柜上,做到需要的文件资料能快速找到	1次/日
	将工作服、洗澡用品等按类别整齐放于更衣柜中,无更衣柜的,应将工作服等个人用品放于办公桌的长柜中	1次/日
	柜(橱)顶、长椅上、沙发上、窗台上、暖气上禁止摆放任何物品	1次/日
整顿 = 摆放整齐	办公桌、椅、柜(橱)、衣架、报架、盆架等物品放置要规划有序,布局美观	1次/日
	办公桌面可放置办公设施、台历、文件夹、正在使用的文件、票据、电话、茶杯等物品,要求放置整齐有序	2次/日
	办公桌挡板、办公椅上禁止搭挂任何物品	2次/日
	笔、墨、橡皮、尺子等办公用具整齐放于桌面一侧或抽屉中	随时
	办公桌面、办公桌抽屉内物品应整齐有序、分类放置,没有作废或与工作无关的物品,如抹布、个人物品、报纸等	1次/日
	报纸、杂志等阅读资料看完后要收起,需要留存的整齐放于文件柜内或报架上	1次/日

续上表

7S 内 容	工作内容及标准	自查频率
整顿＝摆放整齐	暖壶、茶杯可在矮橱上整齐放置,不具备条件的可整齐放于地面一侧;茶叶桶应整齐放于办公桌抽屉一侧	1次/日
	办公室内电器线路走向规范、美观,电脑线不凌乱	定期自查
清扫＝打扫干净	办公室防盗门、木门要里外清洁,门框上无灰尘;推拉门轨道要清洁无积物	1次/日
	地面及四周踢脚线干净,无灰尘、污迹	1次/日
	室内墙壁及屋顶每周清扫一次,做到无污染、无爆皮、无蜘蛛网;墙上不许乱贴、乱画、乱挂、乱钉	1次/日
	窗玻璃干净透明,无水迹、雨迹、污迹;窗框洁净无污迹;窗台无杂物、无灰尘;门玻璃干净透亮,不挂贴报纸和门帘	1次/日
	窗帘整齐洁净、无灰尘,悬挂整齐	1次/日
	暖气片、暖气管道上无尘土,不搭放任何物品	1次/日
	灯具、电扇、空调、微机、打印机等电器,表面洁净,无灰尘;各种电器开关、线路无灰尘、无安全隐患	1次/日
	文件柜顶、表面要保持洁净、无灰尘、无污迹,柜内各种资料、票据分类整齐存放,并根据资料内容统一标识	2次/日
	更衣柜内物品分类摆放,要求工作服、毛巾等个人用品叠放整齐;柜内、柜外、柜顶保持洁净,无灰尘、无杂物,并按使用者进行标识	1次/日

续上表

7S 内容	工作内容及标准	自查频率
清扫=打扫干净	办公桌面、挡板内外、长柜内外应保持洁净,无灰尘、无污迹	1次/日
	电话要擦拭干净,整齐放于办公桌横板处或办公桌面;电话线要整齐有序,不凌乱	2次/日
	垃圾筐要及时倾倒,不能装得太满;门后禁止存放垃圾;笤帚、抹布、簸箕等清洁用具整齐放于门后;抹布可叠好放于盆架上,或整齐搭挂于门后	1次/日
清洁=保持整洁,持之以恒	每天上班前对自己的卫生区进行清扫	1次/日
	上班时间随时保持	随时
	自我检查,对发现的不符合项随时整改	随时
	下班前整理好当天的资料、文件、票据,分类归档	1次/日
	下班后整理办公桌上的物品,放置整齐;整理好个人物品,定置存放	1次/日
素养=人员保持良好精神面貌	上班时间佩带上岗证,穿戴整洁的工作服,仪容整齐大方	1次/日
	言谈举止文明有礼,对人热情大方,不大声喧哗	随时
	工作时精神饱满,乐于助人	随时
	工作安排科学有序,时间观念强	随时
	不串岗,不聚众聊天	1次/日
安全=正确使用办公范围内的电气设备	理顺电脑、打印机、复印机等的接线并捆扎	随时
	掌握一定的事故救治方法	随时
	人不在或下班后,切断所有电源,关闭好门窗	1次/日
	定期检查办公区电源、线路安全状况	1次/日

续上表

7S 内 容	工作内容及标准	自查频率
节约＝物尽其用，节省资源，提高办公效率	人走灯灭、节约用水	随时
	纸张尽量双面使用,废气纸张回收处理	随时
	光线充足时关灯	随时
	温度适宜时,尽量不开空调	1次/日
	最大限度利用办公用品,废旧物资分类回放	1次/日

项目七　汽车维修企业安全生产管理

 学习目标

1. 知识目标

了解企业安全生产管理内涵；了解汽车维修企业安全生产管理内容；熟悉汽车维修作业工种安全操作规程；了解汽车维修机具设备安全操作规程；了解安全事故处置办法。

2. 技能目标

能在维修企业生产过程中自觉执行维修作业安全规程和安全操作规范，实现安全生产。

3. 素养目标

培养安全意识，树立安全第一的生产观念。

 建议课时

8课时。

 企业安全生产管理概述

一、安全生产管理概述

1. 安全的定义

安全是指免除不可接受损害的状态，即在任何场所下不受威胁，不出事故，没有危险、危害和损失的状态。

职场健康安全是指在作业场所内、生产过程中可能引起伤亡和职业危害的保护。保护的对象是作业场所中的员工、临时工作人员、合同方人员、访问者和其他人员。

2. 企业安全生产的重要性

企业安全生产是企业发展的重要保障,事关人民群众生命财产安全。企业是社会大家庭中的一个成员,只有抓好自身安全生产、保一方平安,才能促进社会大环境的稳定,进而也为企业创造良好的发展环境。

企业安全生产是企业文化建设的重要组成部分。安全是人类最重要、最基本的需求,是人的生命与健康的基本保证,一切生活、生产活动都源于生命的存在。总之,"安全第一"是一个永恒的主题。企业只有安全生产,才能健康、和谐地发展。

3. 企业安全生产管理内涵

企业安全生产管理是以实现安全保障为目的,以国家的法律、规定和技术标准为依据,运用现代企业安全生产管理原理和方法,采取经济、文化等手段,科学地组织、指挥和协调,对企业生产的安全状况实施有效制约的一切活动。

企业安全生产管理的核心内容是劳动保护。其具体内容是指在生产过程中,为了防止和消除事故以及减轻工人繁重体力劳动,保证企业生产安全而采取的各种组织管理工作。

企业安全生产管理的对象包括:企业经营者、生产管理者、生产人员在内的全体员工,生产的设备和环境,生产的动力和能量,以及管理的信息和资料。

企业安全生产管理内容主要包括安全行政管理、安全技术管理和工业卫生管理。

(1)安全行政管理主要指以行政手段对企业职工行为进行规范,包括企业安全决策,计划的制订与实施,安全生产责任制的落实,各项规章制度的执行,以及日常的安全教育、检查、隐患治理、事故处理等靠行政命令执行的工作。

(2)安全技术管理是以国家技术标准的安全要求为依据,对设备、设施、装置等是否符合标准状态进行检查、维修等管理工作。

(3)工业卫生管理主要是指检查作业环境是否符合安全卫生要求,对职工的健康检查,职业病的预防、调查、报告等管理工作。

4. 企业安全生产管理的特点

企业安全生产管理工作通常具有以下一些特点:

（1）预防性。企业安全生产管理必须树立"预防为主"的思想，必须把安全工作做在事故发生之前，尽一切努力杜绝事故发生。预防性是企业安全生产管理的显著特点。

（2）长期性。任何企业只要生产活动还在进行，就会有不安全的因素存在，就必须做好安全管理。这一特点决定了安全工作是一项长期、经常、艰苦细致的工作。

（3）科学性。安全工作有其规律性，各种安全制度、规程都是实践经验的总结。企业职工必须不断学习有关安全的科学知识，采取科学的预防措施，才能掌握安全生产的主动权。

（4）群众性。企业安全生产是一项与广大员工切身利益密切相关的工作，必须建立在广泛的群众基础上，全员参与，人人重视，安全才能得以保证。

我国现行的企业安全生产管理体制是"企业负责"。企业负责是指企业的经营管理者必须为职工的职业活动提供全面的安全保障，对职工在劳动过程中的安全、健康负有领导责任。一方面，企业法人代表对企业安全生产全面负责，全面落实安全生产责任制。另一方面企业作为独立的法人团体，对企业发生的事故，应当承担法律责任、行政责任或经济责任。

二、汽车维修企业安全生产管理概述

1. 汽车维修企业安全生产管理内容

结合汽车维修企业的生产过程可以看到，其安全管理涉及的对象主要包括办公室人员、维修车间人员、客户等所有出入企业的相关人员。由于其生产过程的特殊性，管理内容又包括常规安全、维修设备安全、维修作业安全、技术文件资料安全、路试安全、环保安全以及有毒、易燃、易爆物品存储安全等。

2. 汽车维修企业安全生产管理法规

（1）适用的国家法律有《中华人民共和国安全生产法》《中华人民共和国消防法》等；实施细则有《建筑内部装修设计防火规范》《公共场所阻燃制品及组件燃烧性能要求和标识》《劳动防护用品管理规定》等。

（2）国家质量监督检验检疫总局颁发的《汽车维修业开业条件》中，对汽车维修企业安全生产作了以下要求：

①汽车维修企业应具有与其维修作业内容相适应的安全管理制度和安全保护措施，建立并实施安全生产责任制。安全保护设施、消防设施等应符合有关规定。

安全生产责任制,即企业的各级领导、职能部门、工程技术人员和在一定岗位上的劳动者等,每个人在劳动生产过程中对安全生产层层负责的制度,这是企业的一项基本管理制度,也是安全生产、劳动保护的核心。

②汽车维修企业应有各类机电设备的安全操作规程,并将安全操作规程明示在相应的工位或设备处。如针对作业的喷漆、试车操作规程等,针对设备的举升机、空气压缩机操作规程等。

③使用与存储有毒、易燃、易爆物品和粉尘、腐蚀剂、压力容器等,均应有相应的安全防护措施和设施。安全防护措施应有明显的警示、禁令标志。

例如,气瓶的操作规程中应加入"开启时必须使用专用工具,操作人员站在瓶阀出气口侧面,禁止将头或身体对准气瓶总阀;气瓶应存放于阴凉、干燥、远离热源的地方,易燃气体气瓶与明火距离不小于5m"等内容。

④生产厂房和停车场应符合安全、环保和消防等各项要求,安全、消防设施的设置地点应明示管理要求和操作规程。

⑤应具有安全生产事故的应急预案。

三、汽车维修企业安全生产管理具体措施

1. 安全行政管理方面

(1)制定制度。

汽车维修企业应在充分了解生产作业过程及其所涉及的人员、技术、设备的基础上,仔细甄别安全隐患,防微杜渐,从细小的地方做起,针对不同的工种、作业和设备,制定符合安全原则的操作工艺和规程;落实安全责任制,将管理、宣传、实施、监督等责任落实到具体的个人,并给予公示。

(2)加强培训。

在汽车维修企业内部进行全员安全培训,确保所有员工明了安全生产的重要性,正确地理解汽车维修企业安全管理方针和理念,熟练地掌握本岗位和所操作机械设备的安全操作规程。

(3)严格执行。

工作过程中,所有作业人员应遵章守纪,服从指挥,规范作业。

(4)不断改进。

定期开展安全教育和整顿。对一段时间内发生的安全事故进行统计和公告,总结事故发生原因,改进相应操作和规定。根据人员变动等新情况对实施细则进行调整。变更内容需进行公示。

2. 安全技术管理方面

(1)维修场地的安全措施。

①维修车间的平面布局合理,维修工位和车辆通道有合理的搭配,维修车辆进出方便。

②每个维修工位要有足够的面积和高度。

③维修车间通风、采光应良好

④维修车间的消防设施应齐全良好。

⑤维修车间应有合理的供排水系统。

⑥维修车间应采用合理的地面措施,防止打滑。

⑦面积较大的维修车间,应设有可供人员逃生的紧急疏通安全通道。

⑧不要放置不必要的物品,以免成为步行或行驶中的障碍。

(2)维修设备使用的安全措施。

①设备应经常维护,定期检查。

②危及生产安全的工具设备应及时淘汰。

③选购设备时优先考虑其安全性。

④各设备使用时不得相互干涉。

(3)危险品使用的安全措施。

①危险品应存放于专门的危险品仓库,并有专人管理。

②危险品在运输、使用、存放过程中,应注意密封、轻拿轻放、避免高温等。

③危险品附近应配备消防器材。

3. 工业卫生管理方面

(1)维修人员的安全措施。

①特种作业人员必须按国家有关规定经专门的安全作业培训,取得特种作业操作资格证书,方可上岗。

②企业应教育和督促全体人员严格执行本单位的安全生产规章制度和安全操作规程。

③维修人员应了解其作业场所和工作岗位存在的危险因素、防范措施及事故应急措施,及时对企业的安全生产工作提出建议。

④维修人员在维修作业过程中,应严格遵守本企业的安全生产规章制度和操作规程,服从管理,正确使用劳保用品。

⑤维修人员应接受安全生产教育和培训,掌握安全生产知识,提高安全意

识,增强事故处理能力。

⑥企业管理人员不得违章指挥,不得侵犯维修人员合法利益。

(2)保护客户的安全措施。

①确保客户在经销店各区域不迷路。

②确保客户不被放置的物品击中。

③确保客户停车场无车祸,设置停车轮挡。

④确保儿童游乐区无危险。

(3)急救措施。

①要配备急救箱,并将急救箱放置在容易辨认的场所。

②急救箱中必须放入止血、消毒和烫伤类药品,以及绷带、创可贴等。

③指定责任人,定期检查急救箱中药品,处理过期药补充新药品。

课题二 汽车维修作业岗位安全操作规程

汽车维修作业过程中,各工种须严格执行安全操作规程进行生产作业。

一、汽车维修作业员工安全操作通用守则

(1)严格遵守企业安全规章制度和岗位安全操作规程。

(2)上岗作业必须符合下列条件。

①新进员工和调换工种员工必须按规定进行安全生产教育,经考试合格后方可上岗作业。

②特种作业人员应经相关安全监督部门组织专门的安全培训,取得有效的操作证书后方可独立作业,其他人员一律不得使用特种作业设备和从事特种作业操作。

③经企业安排并持有相应准驾车型驾驶证的人员方可按照工作需要驾驶(或监护驾驶)机动车辆(叉车、厂内转运车等)。

④按规定参加新工艺、新技术、新材料、使用新设备的专门安全教育和培训,掌握专业安全操作技能。

(3)作业人员劳动保护及着装规定。

①进入作业场所必须做好班前准备工作,对相关设备、工具和工作场地进行安全检查,并按规定穿戴好符合工种作业需要的劳动保护用品,扣紧衣裤和袖

口,女工发辫应塞入工作帽内。

②生产作业时不得系领带、围巾和佩戴外挂式首饰,不准赤膊、赤脚或穿拖鞋、高跟鞋上岗。

③易燃易爆作业场所严禁烟火,不得穿着容易产生静电的衣物和掌有铁钉的皮鞋进入警示区域。

④正确检查和使用公用劳动保护器具,使用完毕后应按规定送交指定人员统一存放。

(4)上岗作业前应当检查设备、工作环境和工作岗位的安全状况,发现故障或隐患必须立即排除或报告,确认安全后再行操作。

(5)生产作业人员应当坚守岗位,不得擅自将本职岗位作业任务私自移交他人完成。

(6)在同一作业面需要2人或2人以上共同作业的,应当确定交叉作业的主、从关系和先后顺序,由主持作业的人员负责协调指挥,其他作业人员必须服从安排。

(7)严禁酒后上班、疲劳操作,工作场所不得吸烟、饮食、闲谈或嬉戏打闹,不得干私活或私自加工与工作无关的物品,严禁从事与工作无关的活动。

(8)设备使用和检修按相关安全操作规程执行。

(9)车间通行与装卸安全规定。

①作业人员须在人行通道行走,并服从现场安全人员和警示标志指令,严禁冒险穿行危险区域。

②起重作业现场须服从指挥人员安排,严禁攀登护栏或吊物,不得在吊臂下站立、停留或通行。

③厂内机动车不准违规载人,严禁攀爬正在行驶的机动车辆,不得从行驶的机动车上抛卸或抛装物品。

④车间内不得驾驶摩托车或骑乘自行车等代步工具。

(10)从事危险作业必须采取有效的安全防护措施后,方可操作。

(11)从业人员必须遵守下列安全规定。

①遵守各类生产作业场所安全管理规定,服从现场安全人员指挥。

②车辆维修作业区域、原材料库房、易燃易爆场所不得吸烟及擅自动火,严禁无关人员进入以上区域。

③不准擅自拆除、占用或改装各类生产、安全防护设施、设备及装置。

④消防器材、灭火工具及施救用品必须设置规范,不准随意动用,不得在设

置的施救用品周围10m范围内堆放其他物品。

⑤不得在具有尘毒危害的作业场所进餐、饮食和吸烟。

⑥非岗位工作人员未经允许不得进入油库、天然气站、材料库及配电、锅炉、发电、监控中心等场所,因工作需要进入以上场所的作业人员,必须服从有关工作人员指挥。

(12)各类易燃易爆及有毒有害的危化物品必须按规定组织采购、运输、储存、使用或销毁。

(13)生产作业现场的安全管理规定。

①服从企业安全管理,尊重安全指导,接受安全检查,自觉消除事故隐患,保证生产安全。

②随时保持厂、站、车间、库房、住宅和办公区域消防通道的安全畅通,各类物料堆码场所应整齐、稳妥,防止倒塌或损坏。

③生产作业场所必须满足劳动保护、消防、环保和正常生产作业的安全要求,严格执行和按照各类安全标志标明的要求行为,发现隐患及时报告。

④作业完工后,应当按规定收栋现场设备、物资和工具,并清除作业区域的积水、油污、垃圾和废料。

(14)高处作业的安全操作规定。

①由相关负责人向作业人员说明安全技术要领,并在作业前检查落实安全技术措施和个人防护措施,确认完好有效。

②患有心脏病、高血压、精神病、癫痫病等职业禁忌疾患的人员不得从事高处作业。

③作业人员必须衣着轻便,应穿软底防滑鞋。

④作业时工具和物料应当堆放平稳,并不得妨碍操作和行走;严禁向下抛掷工具和物品;下部有人操作时,工具、工件应拴保险绳,以防掉下伤人。

⑤作业中如发现安全设施出现缺陷或隐患,应当立即停止作业,及时报告,经妥善处理后,再行恢复作业。

二、机修工安全操作规程

(1)遵守《汽车维修作业员工安全操作通用守则》和相应机具设备的安全操作规程。

(2)作业前应当检查生产岗位的环境、工具和有关设施、设备的安全状况,确认安全完好后方可作业,作业中正确使用、维护和检修机具设备。

（3）遵循企业相关技术标准和安全操作规程，加强作业过程中的安全自查，积极消除事故隐患。

（4）车辆维修作业一般安全规定。

①维修车辆受热发烫的部位应当分别采取自然降温、隔热屏蔽或局部冷却措施，防止发生灼烫伤人事故。

②维修发动机或使用具有旋转切削功能的设备时，应防止肢体和衣物卷入机体或与风扇叶片接触，作业人员应扎紧衣袖，不得戴手套操作，身体不能靠近设备的旋转部位。

③在车辆上下从事多工种配合的立体交叉作业时，应服从劳动组织安排，在相互协调沟通的前提下，确定安全措施和工作程序，防止因工种之间、作业空间冲突和干扰及工具、零件脱落导致事故发生。

④进入车辆底盘或从事车辆顶升作业，必须选择安全停车地点，采取挂好空挡、拉紧驻车制动器手柄、垫好三角木和保险凳等安全措施。

⑤因维修作业需要拆除的相邻部件，在维修作业完毕后，应按车辆安全技术要求恢复原状。

（5）维修零部件的搬运作业安全规定。

①使用起重机械作业应按照起重作业安全生产专项规定执行。

②作业中使用吊杆机具或拖车时，应当检查确认吊链和钢丝绳安全可靠，捆绑牢固，受力均衡，避免发生松脱或断裂。起吊重（大）型机件，应设置专人指挥和监护。

③使用推车或人力搬运零部件应当量力而为，掌握好物体重心，注意通行障碍，防止摔跌、碰撞或轧伤手脚。

④作业环境的油料、污物、废料等不得随意倾倒或涂抹，工作完毕后应及时打扫作业区域。

（6）发动机起动安全规定。

①起动前应当告知相邻工种人员采取安全防范措施，开展安全喊话，并由具有起动发动机安全知识和操作技能的维修技工实施。

②起动发动机时须置于空挡位置或踩下离合器踏板。

③油路系统发生故障，严禁直流供油。

④在发动机运转状态下检修车辆故障时，须随时注意风扇传动带、叶片等旋转部位对作业人员的安全影响，避免事故发生。

⑤已经顶升上架的车辆需要起动发动机时，须检查顶升稳固状况，车上其他

作业人员应当避免车辆发生剧烈振动。

⑥发动机熄火后须关闭电源、气源,将变速杆挂入低速挡(自动变速器车为P挡)位置,拉紧驻车制动器手柄。

(7)零部件拆装安全规定。

①拆装车辆零部件使用工具应符合技术规范要求,操作中稳拿轻放,安装紧固到位,间隙符合技术标准,保证维修安全质量。

②装卸弹簧应使用专用工具操作,使用常规工具装卸时,应采取安全措施,规范操作姿势和动作,均衡发力,防止弹簧弹击伤人。

③作业中须选用符合工作需要的工具操作,可调工具应调整到适用状态,不得随意改变工具使用性能,代替其他工具操作。

④坚持安全自查制度,发现存在安全质量隐患的工具和零部件一律不得继续使用。

⑤不得在车厢内使用盛装汽油的油盆,洗件油使用完毕后应当严密加盖,并存放于指定位置。车辆更换的废油应当统一收集存放,防止火灾和环境污染。

(8)车辆检验和试车安全规定。

①车辆检修或维护竣工后应由技术检验人员对保修车辆先进行静态检验,发现有不符合相关技术标准的作业项目应当督促保修作业人员进行返工复修。

②路试检验前,检验员应当对路试车辆进行例保检查,确认安全后,再起动车辆。

③凡与路试检验无关的人员不得参与车辆路试。参加试车人员应在保持清洁的前提下入座,站立者必须拉好扶手或栏杆。检验员路试制动效能时,应事前告知车内人员注意防范,以免紧急制动伤人。

④路试过程中可根据需要和可能,在确保安全的前提下采取就地调校维修措施。

(9)外勤维修作业人员应当遵守下列规定。

①维护驻站维修作业场地的安全生产条件,定期检查生产作业场所的劳动安全及卫生状况,随时清除或理顺影响作业环境安全的物料和障碍,保持作业场所安全、整洁、有序。

②作业场所电气线路规范,机具设备保持正常工况,备用材料存放安全有序,临时用电线路在使用完毕后应当及时拆除,杜绝乱拉乱接现象。

③做好修车设备、设施、工具和备用材料的安全检查和维护工作,发现故障和隐患必须及时报告或排除。

(10)救急车辆的安全规定。

①在道路上救急车辆时,故障车应在安全地点停放,维修作业时应当持续开启危险报警闪光灯,必要时应请驾乘人员监护提示过往车辆和行人,并要求驾驶员在迎着来车方向设置符合规定的警示标志。修车过程中不得占据道路可行路面,保证作业安全。

②顶车作业按车辆举升安全操作规程执行。

③车辆修复竣工后,由维修技工和驾驶员对车辆进行检查,在确保安全的前提下由驾驶员路试车辆,确认车辆质量符合安全使用要求后才能行驶。

三、钣金工安全操作规程

(1)遵守《汽车维修作业员工安全操作通用守则》和相关机具设备的安全操作规程,并注意检查确认作业环境和设备具备安全生产条件。

(2)榔头与柄无松动、开裂现象,矫正作业时,垫木或垫铁应当安置牢固,以防榔头或垫物飞出伤人。

(3)使用电动工具前应当检查确认安全防护装置齐全有效,绝缘良好,采用安全站立姿势,用力均衡适当。切割机前后必须设置防护板,机体不得面对现场其他人员,并远离易燃易爆物品,不得在潮湿或积水的环境中使用电动机械。

(4)梯架作业必须检查确认登高用具安放平稳牢靠,工作时应注意力集中,行走移位平稳,工具和材料必须放置安全妥当,防止掉下伤人。

(5)下料或修边作业时要合理使用工具,加强安全保护,边角废料应集中堆放和及时清理。

(6)使用喷灯作业,应先检查喷灯的安全性能,禁止使用存在隐患的喷灯。喷灯加油时应当远离明火,使用过程中应与易燃物品保持规定的安全距离。

(7)稀释盐酸溶液或混合液,应在室外通风处进行,操作人员应站于上风口,慢慢地将盐酸倒入水中,严禁将水倒入盐酸中。

(8)烧热的烙铁应放置在专门的金属架上,与易燃物品保持足够的安全间距,以防火灾及灼伤。

四、焊工安全操作规程要点

(1)焊工作业人员必须持有国家安监部门颁发的焊工操作证。

(2)经领导安排学习焊接技术的学工应当在指定监护老师带领下工作,严禁独立上岗作业。

(3)遵守《汽车维修作业员工安全操作通用守则》和有关设备的安全操作规程。

(4)焊割作业的一般安全操作要求。

①施焊作业前应先检查管道、阀门,确认无漏气现象,焊、割炬孔道清洁、畅通,并清除焊接点附近的可燃物质。

②减压器与气瓶连接之前,先用专用扳手将气门微开,放出少许氧气吹净瓶嘴沙灰,再接上减压器,缓慢打开氧气阀。

③操作时应先检验焊、割炬的吸射功能和气密性,打开氧气调节阀吹净焊嘴吸附的尘屑,关闭氧气调节阀后再开乙炔气调节阀点火,然后打开氧气调节阀将混合气火焰调整到需要强度。作业人员点火或调试火力强度时须避开人员和可燃物资。

④作业时应避免焊嘴过分接近熔融金属,防止焊嘴过热(不宜超过400℃),不得使胶管出现受压、阻塞或折叠等情况,以防出现回火现象。

⑤发生回火时,应急速关闭乙炔气阀门,再关闭氧气阀门,待回火熄灭后,将焊嘴放入水中冷却,然后打开氧气吹除焊炬内烟灰。若发生回火倒燃进入氧气胶管的现象,必须更换新胶管后再行作业。新管使用前必须吹除胶管内壁滑石粉,防止进入焊、割炬通道造成堵塞。

⑥气割操作时,应将氧气管道阀门全打开,以保证足够的流量和稳定的压力。焊割作业时,应随时检查和消除胶管及焊割炬漏气、堵塞缺陷,禁止用氧气吹除乙炔气胶管的堵塞物。

⑦作业完毕关火时,应先关乙炔气调节阀,后关氧气调节阀,防止火焰倒袭和产生黑烟。

(5)电焊作业的一般安全操作要求。

①执行电焊作业设备安全操作规程,工作负荷应遵守设计规定,不得任意延长施焊时间或超负荷运行。

②焊机、焊接电缆每半年应进行一次例行维护。

③电焊作业前,作业人员应当使用护目头盔等专用安全防护用品。焊机使用条件必须与环境条件相适应:温度为-25～40℃;相对湿度在25℃时不大于90%。焊机受潮后应采用人工干燥方法进行处理或检修。

④焊机须平稳安放在通风良好、干燥的位置,防止剧烈振动和碰撞,禁止采用先合电源闸刀,后插焊机电源插针的方法启动焊机,在具有腐蚀性气体和导电性粉尘场所作业时,应进行隔离维护。

⑤必须装设保护性接地或接零设备,焊机变压器与焊件不允许同时存在接地(或接零)装置。

⑥焊接电缆应整根使用,其规格应与焊接电流相适应,禁止利用厂房的金属结构、管道或其他金属物搭接地线作为导线使用。操作时应与电弧、炽热焊缝保持安全距离,防止烧坏绝缘层。

⑦手弧焊钳须便于夹紧和更换焊条。焊钳与电缆的连接必须简捷牢固,接触良好,连接处不可裸露,防止触电。

⑧施焊作业现场应与易燃易爆物品保持10m以上安全间距,必要时应采取屏蔽、隔离等保护措施。需要在禁火区域作业时,必须按有关动火审批制度规定申报,并严格落实安全防范措施。

(6)汽车维修焊割作业的安全操作要求。

①焊接各种密闭物体或油箱、油桶时,要预留出气孔,残余有油脂或可疑致害物品的物件必须放净残留物,经彻底清洗或处理妥当后,方可施焊。

②在车辆上进行电焊作业时,严禁将焊机接地线夹持在轮辋上施焊。

③收工后应关好氧气阀、乙炔气阀,将气管依顺序盘旋收回。按规定对焊、割工具进行检查、清理和放置,并妥善处理好受热工件,防止发生灼伤事故及引发火灾。

④氧气瓶、乙炔气瓶、胶管、焊割炬的安全防护应当执行相关作业设备安全操作规程。

(7)严禁对下列物品进行焊割作业。

①各类压力容器及压力管道存在有压力。

②未经清洗干净的油箱、油管。

③未经拆卸分离的、不同材质的机件。

④盛装过易燃易爆物品的容器未经过安全处理。

⑤受高热会导致熔化、燃烧、变形的物体。

五、漆工安全操作规程要点

(1)遵守《汽车维修作业员工安全操作通用守则》和相关机具设备的安全操作规程,作业时必须佩戴具有吸附过滤和防尘功能的口罩。

(2)喷漆作业与施焊等明火作业必须保持10m以上的安全间距,防止引发火灾事故。

(3)封闭的喷漆作业场所必须开启防爆排风装置,在密闭环境内作业时必须穿戴专用防护用品,并设专人监护。

(4)掌握喷漆和溶剂的工艺技术知识和理化性能等基本知识,按规定要求在指定地点妥善存放备用漆料和溶剂,严格控制喷漆和溶剂的储存量,并加盖严密,隔离存放。

(5)储料间和工作场所内严禁烟火,并配备适量的灭火器材。

(6)烘燥作业须在大部分溶剂挥发后进行,使用红外线灯箱作业时应掌握烘烤时间和距离,并防止漏电伤人。

(7)砂磨作业时,应事先检查清除砂磨面毛刺,防止扎伤事故。

(8)使用空压机作业必须遵守《空气压缩机安全操作规程》。

(9)使用喷灯作业时,应先检查喷灯安全性能,燃油应加注适量,充气符合使用标准,预热燃烧应在安全性、通风性良好的地点进行;作业前应清除喷射面附近可燃物,并采用随时移动喷灯的方法进行烘烤,防止烤燃物品。

(10)调漆时应在耐火的单独房间内进行,不得将喷漆枪对着周围墙体或其他物件试色,严禁乱喷乱涂。

六、轮胎工安全操作规程

(1)遵守《汽车维修作业员工安全操作通用守则》和相关机具设备的安全操作规程,专用设备必须定期检查维护,防止发生电气设备漏电伤人事故。

(2)维护作业场地的安全生产环境,做好轮胎的放置与堆码工作。

(3)使用气动扭力工具时应严防发生反力矩伤人事故。

(4)轮胎拆卸安全操作规定。

①拆卸轮胎锁圈时,必须先将轮胎内的空气放尽,卸下内胎时,应慢慢拉出,不得猛拉硬扯,并不得使用工具强撬气门(嘴子)。

②装轮胎锁圈时要检查确认锁圈、轮辋完好。

③安装到位的锁圈在未充气前应先用铁棍或撬胎片横穿在轮辋上保险,充气0.1MPa,用铁锤敲振,务使其密切吻合,防止轮胎止圈弹出伤人。

(5)轮胎加气时应密切注意空气压缩机压力变化情况,严格防止超压运行和超气压充装。

(6)搬运、放置轮胎安全操作规定。

①车辆搬运轮胎时须平稳放置,采用直立放置的轮胎应当固定轮胎位置,防止滚动,并关好车门,避免轮胎滚动滑出车厢。

②使用叉车搬运轮胎应当直立后倾放置,轮胎重心应卡入两叉轨的中心位

置,防止轮胎倾倒滑脱。

③滚动搬运轮胎时应当控制滚动速度,做到用力均衡,动静有序,保持胎体平稳,避免轮胎因滚动失控或侧向倾倒。

④作业中需要临时直立倚靠放置轮胎时,靠体必须具有相应承受强度,轮胎与靠体保持稳定的倾斜角度,防止轮胎位移。

(7)车辆拆装轮胎安全规定。

①车辆拆装轮胎时应按照车辆举升及相关机具使用安全操作规定执行。

②人工拆装车辆轮胎时,应当要求驾驶员将车辆停放在平稳的工作场地,留足轮胎拆装的工作空间。

③使用加力杆紧固或松开轮胎螺栓时,应当疏散围观人群,注意工作站位安全,避免用力过猛或套筒滑脱伤人。

④使用冲击式拆装机拆装轮胎需要用手把握套筒时,严禁触碰冲击块等运转件。作业中轮胎螺栓套筒未完全停止转动前,不得用外力强行阻滞套筒运转。

⑤做好备用轮胎和故障轮胎的装卸运输和储存堆码安全工作,防止倾倒、碾压等事故发生。

七、检验员安全操作规程

(1)遵守《汽车维修作业员工安全操作通用守则》、道路交通法规和相关机具、设备的安全操作规程。

(2)静态检验。

①车辆维修时,随时关注车辆维修过程,发现不符合车辆技术标准要求的操作和质量缺陷,应当督促整改。

②发现未予报修的故障、检验发现的新故障和经维修未能排除的故障,应当提出明确的处置意见,并督促维修技工及时维修或返工,对经检验的车辆必须保证安全技术质量。

③车辆路试前,必须对车辆进行安全检查,发现故障和隐患应当及时通知维修技工排除,不得开"带病车"试车。

(3)试车检验。

①试车前必须确认路试车辆内外的所有工作岗位作业人员已经完工离岗,并督促清理车辆周围影响安全通行的障碍物,按规定和技术检验规范操作。

②车辆路试要严格执行有关试车规定,试车牌证必须齐全有效,并在指定的路线或地点路段试车。

③试车过程中应当主动礼让其他车辆和行人,在路试制动性能前应当告知随车人员,并观察周围交通情况,确认安全后,先试踏制动踏板,然后按技术检验规范试车。

④试车时应由相关人员参加。路试中需要就地检查调校的作业项目,应将车辆停放于不影响道路交通安全的地点,按规定采取安全措施后,由随车技工实施。

⑤严禁以试车为名,搭送人员或物品,不得在试车过程中办理与作业无关的事项。

⑥凡上检测线检验的维修车辆,应当执行相关检测安全规定。

(4)将维修竣工并经检验合格的车辆及时移至指定地点停放。

八、电工(空调)安全操作规程

(1)工作前应备齐工具并检查是否完好,技术状态是否良好。

(2)在车上进行电工作业应注意保护汽车漆面光泽、装饰、地毯及座位,并保持车辆的整洁。

(3)在装有微机(电脑)控制系统的汽车上进行电工作业时,如无必要,不要触动电子控制部分的各个接头,以防意外损坏电子元件。

(4)在进行蓄电池充电作业时,要保持室内通风良好。充电时,打开蓄电池盖,电解液温度不得超过45℃。

(5)对新蓄电池进行充电时,必须遵守两次充足的技术规程。在充电过程中,若要取出蓄电池,应先将电源关闭,以免损坏充电机和蓄电池。

(6)在进行空调系统作业时,应在通风良好处。排出氟利昂时应缓慢进行,防止冷冻机油一起冲出,同时不能与明火及炙热金属接触。

(7)在添加处理氟利昂时要戴护目镜,谨防氟利昂溅入眼内或溅到皮肤,将皮肤冻伤。

(8)搬运氟利昂钢瓶时,严防振动、撞击、避免日光暴晒,同时应储放在通风干燥的库房中。

典 型 案 例

[事故描述]

某汽车运输公司大客车在行驶时出现跑偏和制动时制动疲软现象,驾驶员将车开到某修理厂进行修理。修理工接车后对车辆四轮制动系统进行了维修,并将车开出修理厂进行路试。车辆行至一长坡时,大客车失去了制动能力,最终翻于山坡下,造成车辆严重损坏。

[原因分析]

据路试修理工事后描述:"下坡行驶中,制动不好用,即减为一挡行驶,制动仍然不好,并连续两次拉起驻车制动器手柄,仍无反应。"此时,该车已进入急转弯路面,大客车因车速过快冲出路面而翻倾。据其他修理工反映,类似的小事故曾经也发生过,但因没有造成大的事故,就没有上报,企业领导也是在这次事故后才知道实情。

[经验教训]

从本事故中可吸取以下经验教训:一是车辆路试前,必须对车辆进行安全检查,发现故障和隐患,应当及时通知维修技工排除,不得开"带病车"试车。二是车辆试车必须由试车员在指定路线或路段进行,不得开至复杂路面进行试车。二是任何工作人员在生产中发现问题,应积极采取必要的补救措施,防止事态进一步扩大,并将情况及时通报给上一级领导,不得隐瞒和故意拖延。

课题三 汽车维修机具设备安全操作规程

汽车维修企业作业人员应严格按照安全操作规程使用机具设备。

一、机具设备通用安全操作规程

(1)各类设备的电气线路、输气管道、防护设施安装、配置必须符合安全生产条件及国家标准或行业标准,设备设置的环境条件必须满足原厂技术规定,发现设备安全技术隐患,应及时停机维修或整改。

(2)爱护各类生产设施和设备,各类专用设备、精密设备实行定人、定责维护管理,未经保管人同意不得擅自动用专用设备。

(3)重要的专用设备大修应由具有专业技术资质的单位完成;设备检修、例行维护可由企业内具有相应专业知识和技能的人员承担。

(4)作业人员按规定做好设备日常维护、管理和使用,发现故障必须及时维修,严禁"带病"运行。

(5)维护、修理电气设备前必须断开电源,并在动力开关处悬挂"有人工作,严禁合闸"的警示牌,实行"谁挂牌,谁摘牌"的防护要求,必要时应设置专人监护或采取稳妥的安全防范措施。检修完毕后,操作人员必须再次检查,消除事故隐患,确认安全后再行合闸。

(6)各类设备的安全防护设施、保险设施、监控设施、预警设施和工作仪表必须齐全、完好、有效。

(7)作业前必须进行设备安全质量检查,经确认技术状况完好后,按照原厂使用说明书的规定对设备起动、运行和停车。

(8)作业中设备出现故障应当立即断开电源、气源及联动装置,停机检查维修,待故障排除后再行恢复作业。

(9)严禁在设备机体和工作台面上进行敲击、碰撞和施焊作业等损坏设备的行为,不得在设备台面上堆放物品。

(10)未取得专业安全技术培训合格证或证件已失效的人员,不得使用特种作业设备和设施。

(11)各类设备不得超温、超压、超限、超时、超负荷运行。

(12)作业中使用产生噪声、弧光、粉尘等可能对作业环境造成影响的设备时,应主动做好安全协调工作,采取必要的安全防护措施,如事前告知周围人员回避,移开或屏蔽其他物质等。

(13)各类电气设备应按规定使用符合线路条件的漏电保护装置,设置保护性接地接零装置。

(14)移动式电动设备或专用设备必须指定专人负责检查、维护,按规定定期进行安全检查,防止漏电,并做好检查记录。移动式电动设备不得在雨天进行露天作业,设备使用完毕后应放置于防潮避雨的指定位置。

(15)设备使用完毕、因停电等意外原因停止作业或作业人员离开工作场地时,应按规定整理现场。各操纵手柄恢复到安全备用位置,取下钻头、刀具、焊条和正在加工的工件,收好工具,关闭电源、气源、水源和火源,有序盘卷收拢管线,做好设备和环境的清洁维护工作。

(16)发生设备安全事故,应由设备使用单位、维修单位在技术、安全管理部门的主持下进行设备事故技术分析,有关设备操作人员应当积极配合调查取证工作。

二、剪板机安全操作规程

(1)执行《机具设备通用安全操作规程》和剪板机使用说明书相关规定。

(2)未经专门安全培训的人员不得从事上机操作和承担喂料作业任务。

(3)作业前应清除剪口处障碍和台面上的一切杂物。开机时须空车运转3min,确认无异常情况后,方可操作。

(4)根据剪板机技术性能和板料规格,按技术规范要求调整上下刀刃间隙,严禁过载剪切。

(5)操作时严禁将手和工具伸入剪口。

(6)严禁不同厚度的材料在剪板机上同时进行剪切;禁止小件和薄件上机剪切。

(7)工作时注意力集中,手脚协调配合,操作者站位应以平视剪刃为宜,多人送料应当分工明确、配合有序,待剪切材料到位后,严格按作业指挥人员的统一口令操作。

(8)刀片保管完好,随时保持刃口锋利,严禁在压料板未压紧物料的情况下开机剪切。

(9)刃口粘有毛刺须停机铲除后方可开机作业。

三、空气压缩机安全操作规程

(1)执行《机具设备通用安全操作规程》和空压机使用说明书相关规定。

(2)应由指定专人负责检查维护,实行定期维护检修,随时保证设备安全技术状况完好。

(3)小型空气压缩机安全操作规定。

①作业前应检查确认电气线路和机体的防护装置及安全附件完好有效,润滑油注入量应保持在规定范围内。

②运行中应随时观察压缩机的运转情况,出现异常情况应立即停机检查,待故障排除后再行使用。

③安全阀、压力表、储气罐、导管接头等应按规定定期进行校验或检测,做好详细记录,并在储气罐上注明工作压力和下次检测试验日期。

④压缩机工作时应当经常注意压力表动态,气压达到规定压力后必须能自动停止运转或安全阀起动排气,防止超压运行。

⑤非指定操作人员不得擅自起动压缩机,压缩机机房周围10m范围内不准堆放易燃易爆物品。

(4)大、中型空气压缩机安全操作规定。

①指定专人担任大、中型空压机的保管人,定期检查维护设备技术状况,随时保持安全适用状态。

②定期排除储气筒内污物。

③定期检查确认压缩机的电机、温控表、电控箱、导线、润滑油油量、油水分离器、干燥器、滤芯等部件的安全适用状况。定期送检安全阀、压力表及储气罐(大型罐需请技术监督局到现场检定)。

④放油、加油前应释放储气筒内的全部压缩空气,恢复大气压力。

⑤经常关注气压状态,确保自动限压,停机装置齐全、可靠。

(5)运行检修作业的安全规定。

①断开电源,关闭空压机,并挂好"设备检修,禁止合闸"的安全标示牌。

②关断断路器,起动锁止装置。

③释放机体内的压缩空气压力,将设备与其他气流隔断。

(6)使用紧急停机措施或遇突然停电关机后,需要再次起动空压机时,按原厂设备说明书要求开机运行。

(7)当压力容器出现超压、超温等失控状态,经采取相应技术措施仍然难以及时恢复正常状态或压力容器发生异常情况,危及安全生产时,操作人员应立即采取紧急关机措施,释放气压,并及时报告。

(8)空压机停机后应关闭截止阀和总电源。

(9)压力容器应按规定进行维护、检查及检测。

(10)高压气管道的安全维护使用规定。

①必须由专业设备维修人员调定减压阀气压,其他任何人员不得随意调整已经调定的气压。

②当减压阀的油杯油量处于最低限量时,应加注规定型号的清机油至标准限量。

③使用高压气管后必须整齐有序地盘绕在专用挂钩上,不得在地面放置或拖移,严禁碾压、磨损或油污黏附管件。

④若发现管道破损、泄漏或其他故障须及时更换。

四、电动葫芦、起重葫芦安全操作规程

(1)电动葫芦操作人员必须经专门的培训和考核,取得特种作业操作证书后方可上岗作业。

(2)电动、起重葫芦应当指定专人保管,负责做好设备的日常检查、润滑、维护工作。

(3)执行《机具设备通用安全操作规程》,作业前须检查确认悬挂葫芦的构架

牢固可靠,葫芦的挂钩、销子、链条、自锁等装置必须保持完好状态,钢丝绳无断股、松脱和严重锈蚀现象。

(4)施吊前应当准确掌握起吊物的重量,不得超负荷使用。

(5)起吊物件必须捆绑牢固可靠,吊具和吊绳应与允许的起吊负荷相匹配,吊绳须揽住起吊物重心。作业时除操作人员按规定执行站位要求外,其他人员应与吊运物件保持足够的安全间距。

(6)使用多个葫芦同时作业时,必须设置专人指挥,作业时承重负荷应均衡分担,升降速度和受力状况必须协调一致。

(7)放下吊运物件时,必须平稳下降,缓慢轻放,落点准确,不得损坏吊运物件。

(8)起吊物下不允许站人,吊运重物时不得从员工头顶通过,防止重物坠落伤人。

(9)不得使用葫芦歪拉斜吊重物,不得以房柱、门框等物体代替固定构架。

五、砂轮机安全操作规程要点

(1)砂轮机应由指定专人负责保管、维护。

(2)每次使用前须检查砂轮质量,出现裂纹或破损,必须经修复后再行使用。

(3)砂轮机应安装在砂轮旋转方向无人通过的位置,并采取通风吸尘的安全卫生措施。

(4)砂轮机圆弧的上部前端应设置符合规定的防护罩,未安装防护罩的砂轮机禁止使用。

(5)作业人员应侧立于砂轮操作,使用前应先开启空车运转1~2min,确认空转性能良好后再行使用。

(6)开始使用时应将待磨件与旋转的砂轮进行轻微接触,采用间断性试磨方式,确认无异常现象后再行操作,磨削完毕后先退开待磨件再停车。

(7)对尚未预热的冷砂轮、新更换的砂轮应减小磨削量。

(8)尽量避免用砂轮侧面磨物;若必须用砂轮侧面磨物时,只能轻微用力。

(9)不准在砂轮上磨铸件毛坯、有色金属或非金属物件。

(10)对硬质合金砂轮应实行专用管理。

(11)严禁铁丝、薄铁皮在砂轮机上磨削。

六、电动、液压、气压机械举升机安全操作规程

(1)执行《机具设备通用安全操作规程》和相关设备使用说明书的规定。

(2)由指定的专人负责维护和操作。

(3)使用前须检查确认电气系统、液压系统、气路系统完好可靠。

(4)维修车辆进入指定位置,并应采取驻车制动措施。

(5)开启举升机前必须检查横梁两端叉口中心,按规定要求调整丝杆,尽量与丝杆中心同心,防止丝杆偏磨或弯曲。

(6)使用前检测安全保险装置,车辆举升到位后,应进行安全保险。

(7)举升机所用垫木应不易开裂、压碎,铺垫时必须放置妥当。

(8)严禁在举升机机体上敲击,起动发动机时严禁猛踩加速踏板。

(9)举升机横梁上平面降至地面后,方可移动车辆。

(10)随时保持和维护举升机地沟底部及周围作业场地的清洁卫生,及时排除地沟积水,定时清除机体活动部位的污迹和异物。

(11)定期在机体润滑点加注润滑油,随时清除移动轨道内的异物。

七、移动式电器设备安全操作规程

(1)执行《机具设备通用安全操作规程》及该设备使用说明书的规定。

(2)操作前须检查确认电源、线路、插头、线板和电动设备外壳的绝缘性能良好,机械性能安全可靠,作业场地符合规定的安全生产条件。

(3)随时维护移动电动设备及其附件的安全使用性能,取用设备时要轻拿轻放,作业中严禁强拖硬拉,完工后应当有序盘卷导线,避免折弯、轧坏、割破保护层,电源线不得与油、水接触。

(4)使用设备作业时用力均衡适度,防止作业中产生的旋转力矩、铁屑或粉尘对人体造成伤害。

(5)在潮湿的工作环境作业时,应穿用绝缘胶靴或站立在干燥的橡皮垫或木板上工作,避免设备及其附件受潮漏电时发生触电事故。

(6)使用中如发现设备及其附件漏电、产生高热、电源缺相、剧烈振动或发出异响时,应立即停止工作,并检查修理,待故障排除后才能再恢复使用。

典 型 案 例

[事故描述]

某品牌汽车有限公司冲压车间冲压工苗某、张某、季某在1300t双动液压机上进行换模作业。张某将自己一侧的螺栓拆卸后,问机床后的苗某完事没有,苗某说"完了",张某认为苗某已离开机床,于是按动寸动按钮,启动机床下行。在下行过程中,张某听到附近机床冲压工一声大喊,张某将机床停住,此时苗某头部已压在机床闭合区,当场身亡。

[原因分析]

冲压工张某在没有确认苗某拆卸螺栓工作完成和离开设备的情况下,用寸动按钮启动了设备,导致事故的发生。苗某在没有确认设备是否运行的状态下,进入设备内取已松动的螺栓,致事故发生。

[经验教训]

从本事故中可吸取以下经验教训:一是专业技术工种须经培训后持证上岗。二是各岗位工作人员必须严格按照岗位安全操作规程施工。三是设备维修时须由具备资质的工作人员,在确保安全的前提下进行。

课题四 汽车维修企业工业卫生管理

汽车维修企业工业卫生管理主要涉及针对车间内人员的安全防护、企业消防、危险品存放及废物处置等。

一、汽车维修车间一般安全规程

(1)工作时应佩戴、使用安全防护用品,不得赤脚或穿凉鞋、拖鞋、高跟鞋和裙子进入车间,留长发者要戴工作帽。

(2)未经批准,非操作者不得随便动用机床等设备。

(3)使用一切机具设备,必须遵守其安全操作规程。

(4)严禁无驾驶证者及非试车人员开动一切机动车辆。

(5)严禁试车人员开动与驾驶证规定不相符的车辆。

(6)工作场所、车辆旁、工作台、通道应经常保持整洁,做到文明生产。

(7)严禁一切低燃点的油、气、醇与照明设施及带电的线路接触。

(8)全工作场区禁止吸烟,若发现客户吸烟应及时制止。

(9)工作时要集中精神,不准说笑、打闹。

二、汽车维修企业消防安全规程

(1)停车场及放置易燃易爆物品的区域,应有明显的禁火标记,严禁吸烟。

(2)生产工作区域,均属禁烟区,一律禁止吸烟。

（3）油棉纱、木屑木花、废油等可燃物品，应放在规定地点，专人负责清理，不得乱丢乱倒。

（4）一切焊接明火作业应严格遵守规定，明火作业前必须清除场地周围的可燃物。修理汽车有焊接作业时，必须在油箱盖上加盖石棉布。

（5）装有一级易燃品的汽车，不准在厂区内停放过夜。

（6）各工种生产作业完毕，应切断电源、清理场地、关闭门窗、清除隐患，经检查确无危险因素后，方可离开。

（7）存放危险物品的仓库，严禁带入火种。

（8）使用危险物品必须遵守有关安全操作规程，非本工种人员不得私自动用。

（9）对危险物品（如油漆、香蕉水、汽油等）实行专人保管，生产工作区域必须配有消防设施。

三、汽车维修车间灭火规程

（1）发生火灾时，首先应打119报警电话。

（2）电气设备起火时，应立即切断电源，然后采取灭火措施。对可能带电的电气设备，应使用干粉灭火器、二氧化碳或四氯化碳灭火器灭火。不能用水或泡沫灭火器灭火，因为水和泡沫是导电的。不带电的电气火灾可用水灭火。

（3）配电室等高压线路发生火灾时，往往是带电的，电压较高，因此要在电工或专门负责电气人员的指挥下进行扑救，并要注意跨步电压伤人。

（4）汽油着火不可用水灭火，应该使用泡沫、二氧化碳、干粉、沙等灭火剂或器材灭火。

（5）少量汽油着火可以利用现场的沙土、衣物覆盖到燃烧物表面，以隔绝空气达到灭火的目的。

四、危险品的安全储存规定

（1）危险品储存仓库应当符合国家有关规定，取得有关部门的批准，库存危险品管理必须符合相关储存、领用制度规定，防止流失。

（2）易燃、易爆物品应当按规定分类存放，并保持足够的安全间距。仓库内必须按规定使用防爆电气设备、设施，配备符合规定的消防器材，定期检查消防安全装置，随时保持其技术性能良好。并增强安全意识及技能，做到会防范、会报警、会抢险、会逃生、会使用消防器材、会扑救初期火灾。

（3）执行安全管理制度，落实安全防范措施。库管工应了解储存物品的理化性质，掌握安全储存的专业知识、避险措施和抢险救援方法，凡储存要求、施救方法不同的物品必须分类单独存放。

（4）危险品实行专人管理，落实收发、登记、清点、检查、储存、使用、回收和销毁的安全制度。未经批准，仓库内不得混存其他物资。

（5）非工作人员严禁进入库房，因工作需要进入库房的其他人员必须取得相关管理部门同意，经专项安全教育后方可进入指定区域。

（6）盛装毒品的容器、发料后未用完的及过期变质的危险品要按规定回收处理，接触毒品的工作人员，应采取专门的安全防护措施。

（7）各种压力气瓶的存放，必须严格遵守的有关规定，发现异常情况必须及时报告，并按规定处理。

五、危险废物管理办法

（1）危险废物是指汽车维修企业在维修过程中产生的，列入《国家危险废物名录》中的危险废物，或者根据国家规定的危险废物鉴别标准和鉴别方法认定的具有危险特性的废物。主要包括：废蓄电池、废液化气罐、废尾气净化催化剂、废油液（包括汽油、柴油、机油、润滑油、液压油、制动液、防冻剂等）、废空调制冷剂、废漆渣、废安全气囊等。

（2）汽车维修企业对其产生的危险废物承担污染防治责任。按照规定，建设必要的危险废物收集、储存设施以及采取有效污染防治措施。

（3）汽车维修企业应采取符合环保、清洁生产要求的生产工艺和技术，减少危险废物的产生量。

（4）汽车维修企业危险废物收集、储存应满足以下要求：

①必须建立专用的危险废物的储存设施或专用储存区域，做到危险废物分类收集、分区存放，并设置危险废物警示标志。

②储存设施应符合相关消防、安全规定。

③储存房间应有防渗的硬化地面、有泄漏液体收集装置。废铅酸电池存放区域，地面须采取防腐、防渗处理。

④危险废物储存期不得超过一年。

（5）汽车维修企业产生的危险废物应委托具有危险废物经营许可证资质的单位机构收集、利用、处置，不得违反规定自行处置或焚烧利用。严禁将危险废物提供或者委托给无危险废物经营许可证的单位和个人从事收集、储存、利用、处置等经营活动。

典 型 案 例

[事故描述]

徐某有一装修好的两层小楼,一楼租给李某经营汽车修理厂,二楼租给一家两口使用。2012年某日,在该汽车修理厂内,维修工对一辆轿车的两个氙气前照灯改装时引发火灾,火势迅猛并殃及二楼,致使楼上的一家两口在火灾中身亡。

[原因分析]

公安消防部门出具的火灾事故认定书认定的火灾事故原因为:一是修理厂在对起火轿车改装氙气前照灯时,维修工未做到规范操作,使车头下方的线路搭铁打火,并引燃周围可燃物造成火灾。二是汽车修理厂经营者徐某违规在店内存放大量可燃物品,导致火灾迅速蔓延扩大。三是着火时修理工没能在第一时间找到消防灭火设备,找到灭火器后也不会熟练使用,致使丧失了在火势较小时把火扑灭的最佳时机。

[经验教训]

从本事故中可吸取以下经验教训:一是汽车维修企业厂房要与居民区间隔一定安全距离;二是汽车维修作业要严格按规范进行;三是汽车维修企业内应严格划分功能区,设置专门存放易燃易爆物品的区域,并配备必要的消防设施设备;四是要全员培训消防知识和技能,经常进行消防演练,做到每个员工能熟练使用消防设施设备。

课题五 安全事故处置办法

一、汽车维修企业安全生产管理基本原则

(1)"生产、安全同时抓"原则。一切从事生产、经营活动的单位和管理部门都必须管安全。在管理生产的同时认真贯彻执行国家安全生产的法规、政策和标准,制定本企业、本部门的安全生产规章制度,包括各种安全生产责任制、安全生产管理规定、安全卫生技术规范、岗位安全操作规程等,健全安全生产组织管理机构,配齐管理责任人员。

(2)"安全具有否决权"原则。安全工作是衡量企业经营管理工作好坏的一

项基本内容。在对企业进行各项指标考核、评选先进时,必须要首先考虑安全指标的完成情况。安全指标具有一票否决权。

(3)"三同时"原则。凡是我国境内新建、改建、扩建的基本建设项目、技术改造项目和引进的建设项目,其劳动安全卫生设施必须符合国家规定的标准,必须与主体工程同时设计、同时施工、同时投入生产和使用。

(4)"五同时"原则。企业的生产组织及领导者在计划、布置、检查、总结、评比生产工作的时候,同时计划、布置、检查、总结、评比安全工作。

(5)"四不放过"原则。调查处理工伤事故时,必须坚持事故原因没有查清不放过;事故责任者没有受到严肃处理不放过;广大职工群众没有受到教育不放过;预防事故重复发生的防范措施没有落实不放过。

企业安全生产管理不仅是国家的一项重要政策,也是市场经济发展的需要,系统地建立防伤病、防污染、防火、防水、防盗、防损、防泄密、防疫等安全措施,不仅关系到广大职工的生命财产等切身利益,关系到职工的生产积极性,关系到企业在社会中的良好形象,更与企业的经济效益息息相关,是其可持续发展的重要基石。

二、汽车维修企业安全事故处置办法

安全事故时有发生,在发生安全事故时,处置办法如下:

(1)操作者发现在生产中发生事故,应积极采取必要的措施,防止事态的扩大,并保护好现场,不得隐瞒和故意拖延,立即向企业主要领导和安全生产管理机构报告。

(2)企业负责人、值班人员、安全员接到事故报告后,应及时赶到事故现场进行处理,对发生或有可能发生危急情况的,迅速启动事故应急救援预案。

(3)企业负责人对发生需向有关部门报告的生产安全事故,必须在1h内,以公司名义报告安监等有关部门。

(4)发生重伤、死亡事故,派专人保护事故现场,并迅速采取必要的措施抢救人员和财产,防止事故扩大。需要移动现场部分物体时,必须做出标志,绘制事故现场图、照相、录像,并详细说明。

(5)清理事故现场时,要事先经事故调查组或安监部门同意。

(6)发生轻伤事故要进行现场照相,经安监部门同意,由企业领导牵头组成事故调查组,调查分析事故原因,划分责任提出处理意见,制定和落实整改措施,按规定填报"伤亡事故登记表",并对干部职工进行教育。

(7)企业事故调查组成员应符合下列条件：

①具有事故调查所需要的某一方面专长。

②与所发生事故没有直接利害关系。

(8)发生事故要按照"四不放过"的原则进行处理。按照事故的性质和造成的损失危害程度,根据规定对有关责任人员进行处罚。

(9)发生事故,必须按照企业各级安全生产职责的规定,分清事故的直接责任、领导责任和主要责任。

(10)对因玩忽职守、违章指挥、违章作业、违反安全规章制度以及工作不负责任等行为而造成的事故,视情况按规定追究责任,并按照"安全生产奖惩制度"规定给予经济处罚、行政处分。

(11)事故查清后,应及时拟订改进措施,提出对事故责任者的处理意见,填写"职工伤亡事故报告表"报送安监部门。

(12)事故处理结案后,公开宣布处理结果。

(13)安全生产管理机构建立事故管理档案,其内容应包括事故现场记录、照片、鉴定材料、事故教育、改进措施等资料。

(14)安全生产管理机构定期进行事故的统计分析,并及时上报有关部门。

项目八　汽车维修企业信息化管理

学习目标

1. 知识目标

了解信息技术在汽车服务领域的具体应用;熟悉汽车维修企业信息化业务管理平台的业务体系;了解汽车维修服务电商业务。

2. 技能目标

能操作汽车维修企业业务信息化管理平台。

3. 素养目标

培养良好的沟通交流能力;培养良好的信息技术运用能力和数据分析能力。

建议课时

4课时。

课题一　汽车维修企业信息化管理概述

汽车维修企业信息化管理就是将互联网技术和信息技术应用于汽车维修企业的生产、技术、服务及管理等领域,不断提高信息资源利用效率,获取信息经济效益的过程。目前在汽车维修企业中被广泛应用。

一、汽车维修企业信息化管理的主要体现

企业信息化管理内容很多,就汽车维修企业而言,企业信息化管理主要体现在以下三个方面。

(1)维修技术信息化。在汽车维修企业中,利用网络平台进行信息查询工

作,获取汽车维修技术与资料、配件信息等内容;利用信息技术,开展员工网上培训,提供汽车故障远程会诊;利用智能化仪器设备,帮助维修人员快速准确检测汽车技术和诊断汽车故障。

(2)维修服务信息化。在汽车维修企业中,利用互联网、内部网和电脑管理系统,及时准确地向客户提供在线服务、信息查询,及时对外发布汽车维修服务相关信息,引导市场消费和关注。

(3)维修管理信息化。在汽车维修企业中,利用信息技术建立业务接待、配件采购、生产调度、计划安排、库存处理、成本核算等信息管理系统。

二、汽车维修企业信息化管理的意义

(1)提高管理水平,降低经营成本。在信息技术的支持下,汽车维修企业可以简化企业组织生产经营的方式,减少中间环节和中间管理人员,提高管理水平。企业利用信息技术获取外部信息,利用管理系统合理配置配件库存量,控制车辆维修成本,有效降低企业经营成本。

(2)提升维修技能,提高客户黏性。信息技术和智能化仪器设备的应用,为提高维修人员的技术水平,帮助维修人员快速查找汽车故障原因提供了帮助;信息化管理系统的应用,建立完善客户档案,开展人性化客户服务模式。从而提高了客户的黏性。

(3)提高企业决策的科学性、正确性。通过管理软件自动生成各种统计表,以便经营者可以及时准确地维修车辆,了解客户特征、意见反馈等多种信息,为经营者提供分析和决策依据。

课题二　汽车维修服务信息系统

本课题主要介绍信息化技术在汽车维修业务中的应用。下面以某公司的云修平台(企业版)为例进行介绍。该平台主要由维修服务、配件管理、资金管理、客户关系、报表中心等模块组成,如图8-1所示。

一、预约

1. 功能介绍

此模块主要包括预约单、预约看板、预约单查询等。预约单是服务顾问根据客户的需求进行预约登记。预约看板可以直观体现预约资源占用情况,可以快速查明是否有足够资源为客户进行服务。预约单查询则可以通过单据、明细、预约日期筛选预约单。

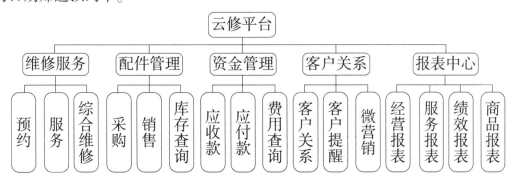

图 8-1　云修平台的组成

2. 服务类型

(1) 预约单。

如图 8-2 所示,打开【预约单】,页面上显示为 * 的框为必录字段。输入预约的车牌和客户名称(已登记客户可通过点击"…"选择),填写预约时间、弹性时间、预约详情,选择预约方式和业务维修类别。如有预约项目、用料,可直接在项目与用料处添加,最后单击【确认预约】。

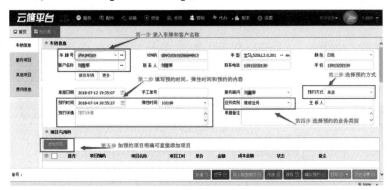

图 8-2　预约单

(2) 预约单看板。通过日期筛选查看车辆预约情况。

(3) 预约单查询。可通过单据、明细、预约日期筛选预约单。

二、服务

1. 功能介绍

此模块主要是为了规范汽车维修、洗车、车辆体检等作业项目的管理,输入车辆信息、维修信息、洗车信息、体检信息,根据作业项目,分派技师,并进行结算,适用于快修或小型修理厂。

2. 服务类型

(1)服务单。如图 8-3 所示,打开【服务单】,输入车辆信息(车牌、车架号 VIN 码、车型等)、客户信息(客户名称、客户电话等)、维修信息(业务类别、服务顾问、发票类型等),添加维修项目、分派技师,添加维修用料,单击【结算】收款。

图 8-3　服务单

(2)服务退单。打开【服务退单】,选择要做退单的车牌号、原服务单号,然后选择要退的服务项目、用料、其他收费项目,单击【结算】退款。

(3)洗车单。如图 8-4 所示,打开【洗车单】,输入或选择要洗车的车牌号,然后选择快捷洗车项目。确认后,单击【结算】,结算并收款后完成操作。

图 8-4　洗车单

(4)洗车查询。可通过多种方式查看和筛选洗车单据,也可以使用导出或重新结算功能。

三、综合维修

1. 功能介绍

此模块功能与服务模块功能类似,但适用于岗位分工明确的一、二类维修厂使用。

2. 服务类型

(1)工作台。如图8-5所示,工作台可查看当前在场车辆的状态和单据数量。

图8-5　工作台

(2)客户看板。如图8-6所示,客户看板可以外接显示器投屏,这个功能可以让每个车主都随时了解自己车辆的维修情况;维修完成后,也可以提醒客户来结账。

图8-6　客户看板

(3)车间技师看板。打开【车间技师看板】,可查看维修技师的派工情况明细。

(4)接待单。如图8-7所示,服务顾问单击打开【接待单】,对车辆维修中涉及的维修项目或维修用料进行详细登记后,单击【进厂】维修。

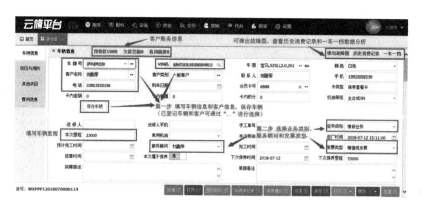

图8-7 接待单

(5)调度单。如图8-8所示,在左边的已进厂车辆情况里,单击【调度】,右边进入选中车辆的具体调度界面,在这里可以添加并对已经添加的维修项目进行派工、开工等相关操作,派工完成后,单击【开工】来标识出该项目的维修进度。

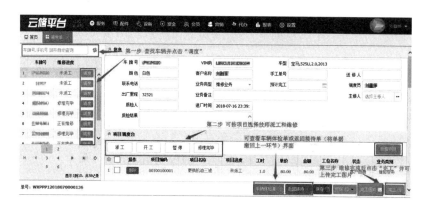

图8-8 调度单

(6)领料单。在修理过程中,修理技师发现故障,如果需要更换相应的零部件,就应到库房中去领料。如图8-9所示,单击【领料单】,选择车辆,选择领料人。单击添加商品选择按钮,弹出"商品选择器"对话框,选择要领取的配件,然后输入数量和单价,然后单击【出库】。

(7)结算单。结算单作用是对已经维修完工的车辆进行维修结算。如图8-10所示,维修结算支持发票类型选择、结算方式、添加其他项目收费、支付第三方单位挂账、支持添加调整项目、调整用料、返回到调度等。

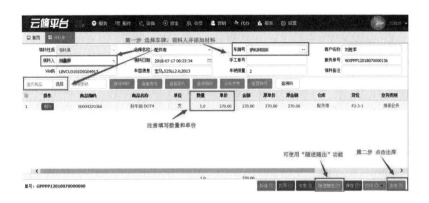

图 8-9　领料单

图 8-10　结算单

 汽车维修服务电商

汽车维修服务电商，是指将线下的维修服务与互联网平台相结合，一般基于位置服务（Location Based Service，LBS）为消费者提供汽车维修服务的一种经营模式。

一、汽车维修服务电商发展概况

1. 汽车维修服务电商发展的基础

近年来，我国汽车保有量和增量保持高位增长，截至 2019 年，我国汽车保有量达到 2.6 亿辆，经预测，2022 年汽车维修市场规模将突破 2 万亿元。加上监管部门颁布的《机动车维修管理规定》《汽车维修技术信息公开实施管理办法》，对目前我国各大汽车厂商4S企业原有的经营模式带来了冲击,政策走向亦是对垄断体系之外经济模式发展的鼓励——汽车维修服务电商平台无疑符合这一趋势。因此,亿万元级的汽车维修市场和接连不断的政策利好,为汽车维修服务电商平台提供了更多可能。

2. 汽车维修服务电商发展的优势

相对于传统线下渠道价格不透明等缺点,新兴网络渠道价格公开透明,而且具有完善的售前、售中及售后服务,且引流能力更强,为汽车的维修服务客户带来便捷、实惠,同时电商平台掌握了大量的车主数据,能够更精确地描绘车主消费者的用户画像,有针对性地向用户提供产品和服务,提高服务效率。

3. 汽车维修服务电商发展的时期

根据 Analysys 易观智库列出的中国汽车维修服务电商市场 AMC 模型,2011—2016 年为汽车维修服务电商探索期,途虎养车网、车易安等企业的出现,标志我国汽车维修服务电商市场开始启动;2017—2020 年为汽车维修服务电商市场启动期,资本开始大批进入,大量的创业型企业出现,初步具备了较为成熟的商业模式;2021—2025 年为汽车维修服务电商高速发展期,会有大量的创业型企业被淘汰退出市场,剩下几家有竞争实力的企业开始进军首次公开募股(IPO);2026 年以后汽车维修服务电商将进入应用成熟期。

二、汽车维修服务电商平台模式

在过去几年中,众多汽车维修服务电子商务发展迅速。这些汽车维修服务电子商务普遍被分为三类:自营型平台、导流型平台、上门服务型平台。

1. 自营型平台

汽车维修自营型平台的主要模式是线上出售汽车配件用品、线下提供相应的汽车配件安装和维修服务,平台的主要盈利来源为线上平台售卖汽车配件用品的利润差价。

汽车维修自营型平台的汽配用品货源来自汽配及用品厂家或经销商,这类平台通常建有自己的仓库,并且自营物流体系或签约固定的物流合作伙伴。通过自建或购买汽车配件用品数据库,来覆盖市面上主流车型和品牌及一般品牌的汽车零配件用品,以便车主消费者在配件电商平台按照价格、位置等需求选项进行检索和筛选。维修电商中的配件电商平台和汽配用品 B2C 电商(即 Business to Customer,是企业对消费者的电子商务模式)交易平台相似,减少 AM 市场经销层级，让消费者可以用低于4S企业的价格购买到同等品质的配件用品。

而在线下服务方面，主要分为两种形式：一是维修服务平台与线下服务门店展开合作，通过加盟、特约等形式，为选择维修项目的消费者提供线下服务，如图8-11所示。合作形式的自营型平台是通过线上的维修服务平台，将线上的车主消费者和线下的维修门店基于地理位置产生联系。车主消费者通过配件电商平台进行产品搜索，根据车型、服务需求筛选出适合自己车型的配件用品，并且按需选择线下的服务门店，进行产品安装或汽车维护服务。消费者线上下单后，后台会进行货物匹配并安排将配件用品配送至线下服务门店，消费者可在线下服务门店检验商品、接受安装或维护服务后，最终回到在线上完成交易支付和服务评价。对维修电商平台自身来说，合作门店的模式更加轻量化，也更容易进行区域扩张。但该模式对于线下门店的控制能力较弱，难以确保线下服务质量，平台有必要对线下服务标准进行规范。

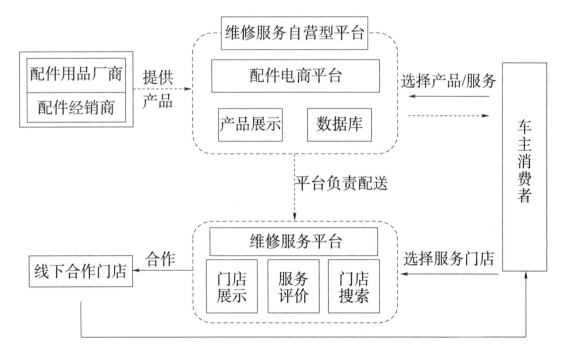

图8-11 汽车维修服务电商合作形式的自营型平台

二是由汽车维修服务平台自主建设、推广线下服务门店，或在合作维修服务门店线下覆盖区内派员工驻店，由平台直接为消费者提供线下服务的，如图8-12所示。自建形式能够更好地控制线下维修服务质量，提高品牌知名度，也有利于拓展平台的盈利渠道。但由于自建线下网络使得其商业模式更重，同时对专业人才和资金实力要求较高，使得在区域扩张过程中难度较大，因此具备一定规模的连锁维修门店、整车厂、经销商等大型传统汽车后市场企业更加适合切入这一模式。

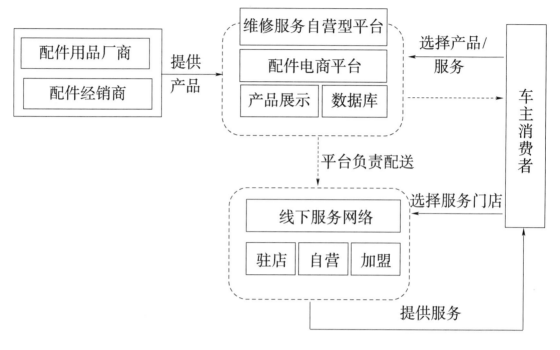

图8-12 汽车维修服务电商自建形式的自营型平台

2. 导流型平台

如图8-13所示,基于维修导流型平台的汽车售后服务商是一种独立网络或移动终端平台的系统,目的是将汽车维修店和消费者尽可能地聚拢到一起,并在平台上达成交易。

该平台不直接经营汽车零部件及用品,仅作为互联网/移动互联网入口和线下维修店渠道。主要收入来源为平台广告、分销或佣金收入。通过与汽车维修实体店进行合作,将维修店的位置、物品及价格等信息在平台上展示出来,为车主提供其周围的维修门店的导航以及其他的关于维修的信息。服务结束后,车主可对为其服务的维修门店进行网上评价。

3. 上门服务型平台

如图8-14所示,上门服务模式指的是维修服务平台自建线下服务团队通过专人专车到车主提供的指定地点对车辆维修或洗车服务。消费者通过手机应用程序端、电脑端、微信端或以电话的方式和平台工作人员指定时间和地点,由维修服务平台指派相关技术人员提供服务。

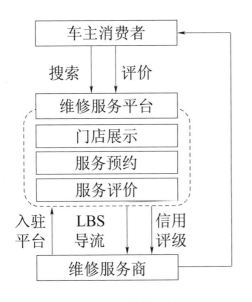

图 8-13　汽车维修服务电商导流型平台　　图 8-14　汽车维修服务电商上门服务型平台

下单成功后,维修服务平台会通过系统进行技师排班、位置监测、服务车辆监控、配件仓储及运输等方面的调度安排。

三、汽车维修服务电商发展趋势

1. 模式差异逐步缩小,竞争进一步加剧

随着汽车维修服务电商的发展,其服务模式有了同质化的倾向,模式差异正逐渐缩小。在汽车维修服务电商平台中,一些导流平台或是加入查违章、汽车保险等汽车生活类业务,打造一站式的汽车生活服务平台;或是开始建设线下门店,向自营型的维修服务电商发展;或是自己推出上门维护业务,向上门服务型的维修服务电商转型。一些自营型平台从专注一项服务逐渐向全品类覆盖。

企业的资金和技术实力,以及对于线下服务质量的标准化和把控能力、对供应链的管理整合能力,将会是其在市场中长期生存发展的核心竞争力。

2. 整合并购潮开启,行业格局趋向集中

在汽车维修服务市场电商市场启动期,部分平台先借成熟的商业模式逐渐开始盈利。那些成功存活下来并且商业模式和盈利模式都更为清晰和成熟的平台将会成为资本市场的宠儿。在资本市场的助力下,这类平台将会表现出更强的竞争力。经历行业洗牌的汽车维修市场的产业地图将逐步清晰,行业集中度也将逐步提高。

3. 汽车维修服务电商将向纵深化方向发展

近年来,汽车维修服务电商进行O2O(即Online2Offline,是线上到线下的电子商务模式)转型,加大线下维修服务的门店布局,不断提高门店服务质量。与此同时不断加大与汽配用品厂商的合作来增加产品货源,保证产品质量,并且积极布局仓储、物流等供应链基础设施来提高平台服务效率,降低流通成本,提高用户体验。今后维修服务电商将进一步向纵深化方向发展。产业链上游增加采购、仓储、物流等基础建设,不断加大对汽配用品的经销渠道扁平化,产业链下游则是加强对线下门店的标准化管理。

4. 拥有线下资源的汽车维修服务电商将后来居上

传统企业包括整车厂、经销商、连锁维修店、零部件在内的厂商在切入维修服务电商初期,都以布局线下服务为重,虽然在线上平台导流能力提升上短期内不及互联网企业,但传统企业拥有汽车维修服务电商利润空间最大的"线下"资源,将在后期竞争中展现优势。

参 考 文 献

[1] 庞远智.汽车运输企业机务管理[M].重庆:重庆大学出版社,2008.
[2] 刘同福.汽车维修企业8项管理[M].北京:机械工业出版社,2008.
[3] 吴兢.贞观政要[M].上海:上海古籍出版社,2000.
[4] 张向前.现代企业管理[M].北京:中国言实出版社,2007.
[5] 张铠锋,高维.汽车维修企业管理[M].北京:科学出版社,2009.
[6] 刘同福.汽车4S店管理10类制度[M].北京:机械工业出版社,2008.
[7] 朱帆.汽车维修店怎样经营[M].北京:金盾出版社,2011.
[8] 许平.汽车维修企业管理基础[M].北京:电子工业出版社,2010.
[9] 沈树盛,安国庆.汽车维修企业管理[M].北京:人民交通出版社股份有限公司,2019.
[10] 韦峰,罗双.客户沟通技巧与投诉处理[M].2版.北京:人民交通出版社股份有限公司,2017.
[11] 栾琪文.现代汽车维修企业管理实务[M].北京:机械工业出版社,2017.